ねねさんのスピ生活

前世のカルマ☆解消編

水《みず》鳥《どり》ねね

イースト・プレス

もくじ

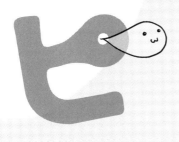

プロローグ

はじめまして
または
お久しぶりです!
水鳥ねねです
まさかの3冊目!。
うちのインコ
まさかの3冊目!
これもひとえに
お買い上げくださった
皆様のおかげです!
ありがとう
ございます!
ねねさんのスピ生活
1冊目では
幽霊に悩まされ
先祖供養に悩まされ
前世で悩まされ
生き霊に悩まされ
I Love 丑の刻参り
…と
視えない存在に
悩まされ
大変な思いをした
半生を描きました
そして
東北の大震災を
契機に
え? 地震??
in沖縄
どういうわけか
視えない世界を
知っていくことに
なりました

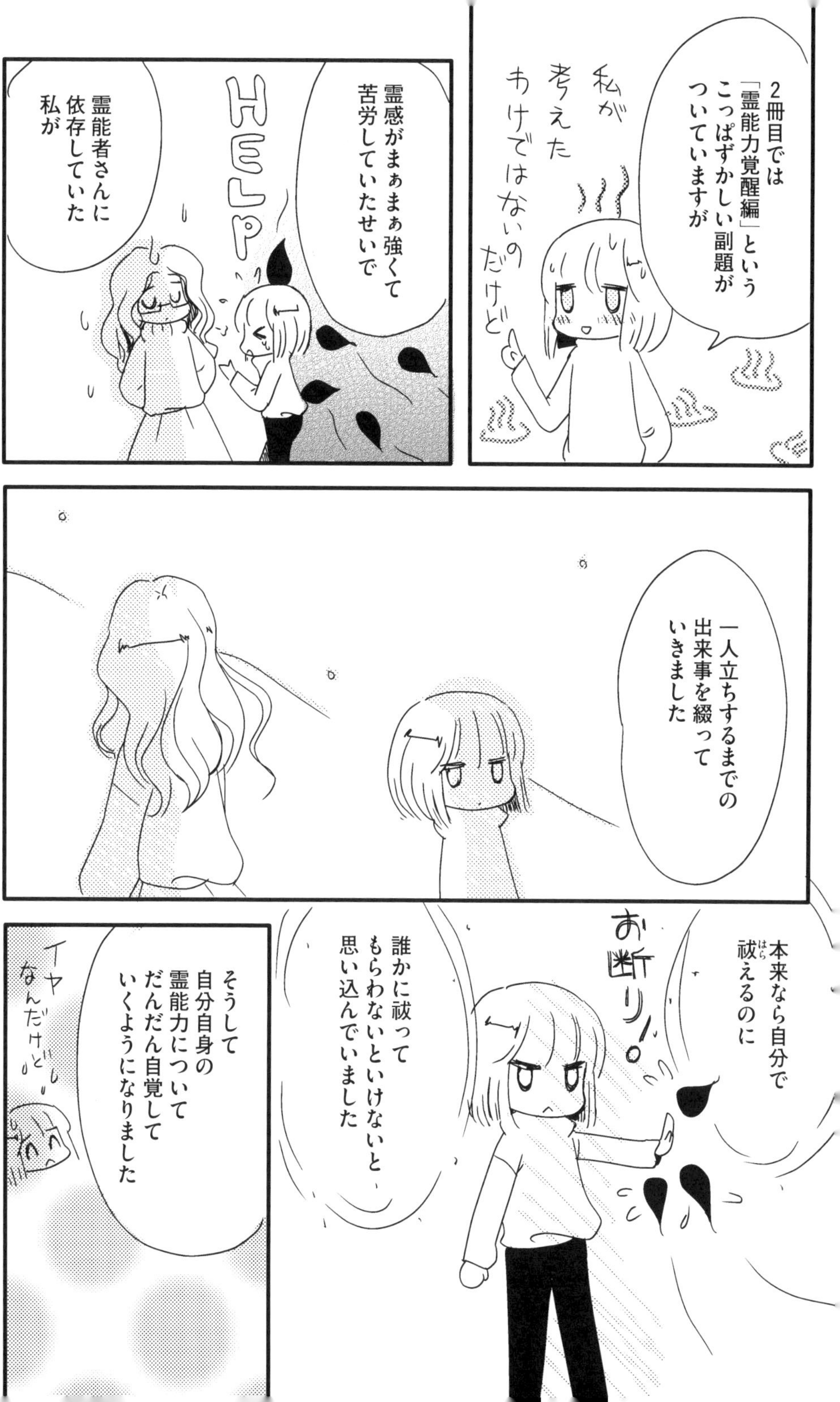
2冊目では「霊能力覚醒編」というこっぱずかしい副題がついていますが
私が考えたわけではないのだけど
霊感がまぁまぁ強くて苦労していたせいで
HELP
霊能者さんに依存していた私が
一人立ちするまでの出来事を綴っていきました
本来なら自分で祓《はら》えるのに
お断り!
誰かに祓ってもらわないといけないと思い込んでいました
そうして自分自身の霊能力についてだんだん自覚していくようになりました
イヤなんだけど

私は人生の前半を
成仏できていない大量の
先祖の影響を受けていました
300人くらい…
大量に頼ってくる
先祖とともに
寄ってくる幽霊や
生きている人の念で
頭痛くてでかけられない…
しょっちゅう体調を
崩していましたし
霊障による
持病もありました
それがなくなった後
見違えるように
体が楽になりました
よーし
これで看護師の
勉強に集中
するど！
って思ってた矢先
霊能者に
なりなさい
と、お不動さまが
夢枕に立って
言ってきました
ナゼ？？

無理っす
私、看護師になるんで
お守りお返しします♪
当然断ります
どうなる!? ねねさん! というのがこれまでのお話でした
たぶん♪
また沖縄やかつての琉球王国との深い関わりが前巻でわかってきたのですが
今回それが思わぬ波紋を呼びます
今回は今までの集大成として先祖供養の本当の大切さや
神さまやご神域との関わり方が伝わればいいなと思います

私が東北の大震災をきっかけに
最優先!
え
一番最優先で先祖供養をする必要があったのは、なぜなのか?
先祖が成仏した途端になぜ不《ふ》動《どう》明《みょう》王《おう》さまが「霊能者になれ」…と言ってきたのか
そのあたりを描いて
本当の開運とは何か
をお伝えしていきたいと思っています
他にも盛りだくさんです! よろしくお願いします!

登場人物＆神さま紹介
人間
平野《ひらの》さん 今回お世話になったヒプノセラピストさん
澪《みお》さん 成仏していなかった先祖のことでお世話になった霊能者さん
不動《ふどう》さん 以前から看護師より霊能の仕事をしたほうがいいと言ってくれていた霊能者さん
水神さまに仕えたうしろの巫女さん
天照さまに仕えた巫女さん
守護霊＝力のある前世
琉球のノロさん まぁまぁ偉い人だったらしい
不動明王《ふどうみょうおう》さま 霊能者になれってなぜか言ってくる
天照大御神《あまてらすおおみかみ》さま 圧が強い上司
宇迦之御魂神《うかのみたまのかみ》さま 起業に関するサポート
弁財天《べんざいてん》さま 絵に関してサポート
守護神

Nene's Spiritual Life

DNAとご先祖さまの不思議なお話

看護師を辞めた話

前の巻で看護師の国家資格に合格した話を描きました
一度看護師として働きましたが現在は看護師を辞めて別の仕事をしています
※ナースキャップは衛生上今はあまりかぶらないですがわかりやすいため漫画内ではかぶっています
なぜあんなに頑張って勉強していたのに看護師を辞めるに至ったのか
よく勉強してたな～
そのあたりをお話ししたいと思います
就職した職場は常に人手不足でした
まぁ医療現場なんてどこも似たようなものかもしれません
でもまっさらの新人社員が4月に入って5月には1人で夜勤に入らないといけないというのは
同じ看護学校の同級生でもなかなかいませんでした
えっもう夜勤やってるの？！
ハハ…

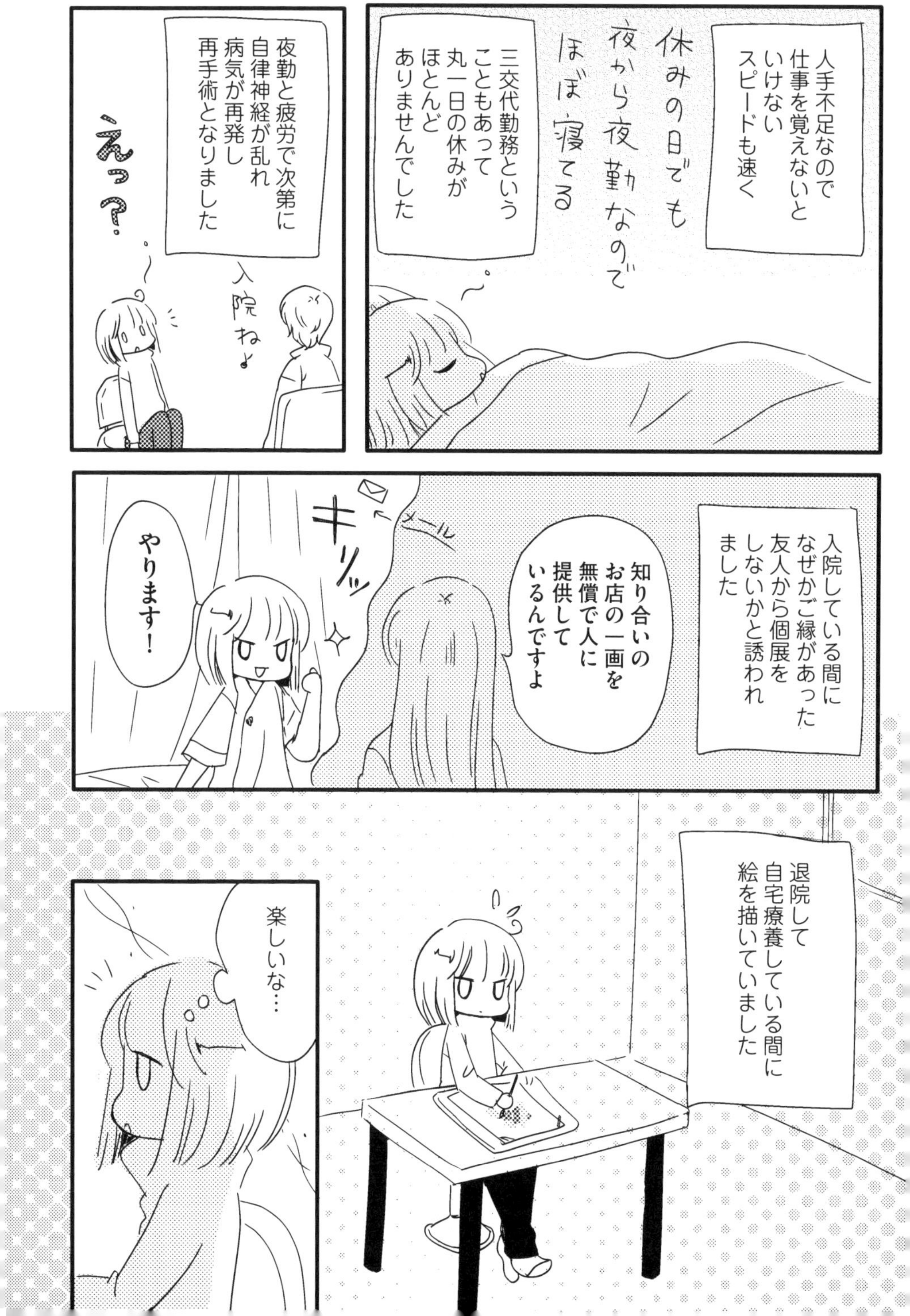

人手不足なので
仕事を覚えないと
いけない
スピードも速く
休みの日でも
夜から夜勤なので
ほぼ寝てる
三交代勤務という
こともあって
丸一日の休みが
ほとんど
ありませんでした
夜勤と疲労で次第に
自律神経が乱れ
病気が再発し
再手術となりました
入院ね♪
えっ？
入院している間に
なぜかご縁があった
友人から個展を
しないかと誘われ
ました
知り合いの
お店の一画を
無償で人に
提供して
いるんですよ
メール
キリッ
やります！
退院して
自宅療養している間に
絵を描いていました
楽しいな…

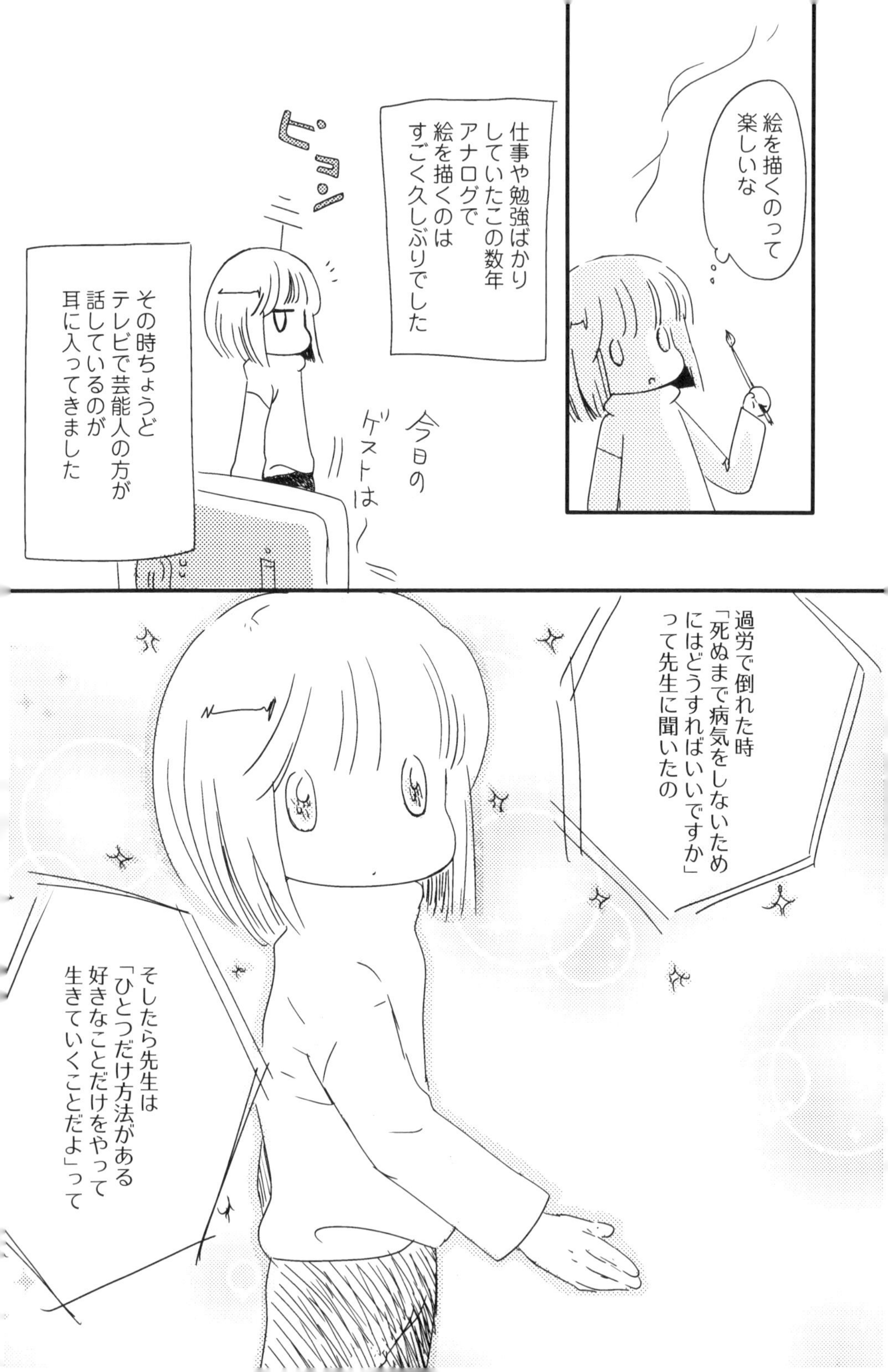
絵を描くのって楽しいな
仕事や勉強ばかりしていたこの数年アナログで絵を描くのはすごく久しぶりでした
ピコン
今日のゲストは
その時ちょうどテレビで芸能人の方が話しているのが耳に入ってきました
過労で倒れた時「死ぬまで病気をしないためにはどうすればいいですか」って先生に聞いたの
そしたら先生は「ひとつだけ方法がある好きなことだけをやって生きていくことだよ」って

この話を聞いて私の中でカチっとはまる感じがしました
カチッ
う――ん
そりゃ好きなことだけしていたら少なくともストレスによる病気はなくなるよねぇ
それと同時に震災の年に占い師さんを通して言われたことを思い出しました
それがおまえが本当にしたいことか

占い師さんに視て
もらった時 実はなぜか
龍神が視えていました
その言葉を
伝えている存在は
その龍神だと
感じました
今の病院を
辞めよう
どっちにしても
この仕事を続けていたら
病気が悪化して
私は死ぬだろう
それなら残りの人生
好きなことを
仕事にしてみよう
そう決心
したものの
病院を辞めると
言う前も後も
ずっと考え続けて
いました
まず病院に
伝える前に
家族に伝えました
ええ〜〜
家族には少し反対
されましたが
体のこともあり
わかって
もらえました

病院に伝えた後も
部屋につきましたよー
患者さんと接するのも好きだし
こんなに勉強したのに本当に辞めていいんだろうか
とずっと考え続けていました
何年も看護師になるために猛勉強していたので
うーん
看護師を辞めることになるなんて青天の霹靂に近い衝撃でした
辞めるにしても10年くらいは看護師してると思ってたなぁ
本当にコレ現実??
そして考え続けながら実際に退職するまでの4か月間
そもそも私がなぜ体を壊すまで働いてしまったのか
なぜこの病院に就職しようと思ったのかが
判明していったのです!
実は入院する少し前から体に力が入らなくなったり
眩暈《めまい》がして申し送りの時も立っているのが辛くなっていました
アレ?。
なんでだろう?
と、最初は思っていたのですが原因はエネルギーを吸われていたことにもありました

まぁ病気をされてる患者さんからならまだわかる
病んだしね
ねねさん手伝って!
5年目
3年目
1年目
疲れている同僚からも吸われてるんだよねぇ
おかしい
そうなんです
エネルギー不足は患者さんだけとは限りませんでした
仮に転職してまた看護師を続けた場合
病院で働く以上は避けては通れない問題だとも思いました
うーん
それとは別に妙なことに気づきました
あれはなんだ?
同僚の頭に糸のようなものが視えました
休憩室
その糸がなんなのかお昼休みに同僚と話していて気がつきました
Cさんがまた残業つけて師長に怒られてたね
うちの職場は特に1年目は残業しても残業したという記録をつけてはいけない暗黙のルールがありました
その話になった時私はそれがずっとおかしいと思っていたので
もう辞めるからいいか
でもそれって監査が入ったらやばいやつですよ
と、ポロッと口を滑らせてしまいました

そしたら同僚たちが火がついたように怒り出しました
自分たちが未熟なせいで遅くなるのにつけていいわけないでしょう!?
いやどう考えても仕事量のせいだと思うけど…
その時気づいてしまったのです
頭についてる糸の意味を
そういえば数カ月前の夜勤中のある晩…
上に何かがいる気配がしました
天井板一枚隔てた向こう側に
黒くて大きくて
巨大な蜘蛛のようなものが
ひっそり息を殺して潜んでいる様子が
視えたのです
なんだあれ…
昼間は人の気配がたくさんあって気づかなかった

もしかして頭についている糸って…？
ハッ?!
そういえば私も2年目になる頃は残業するのが当たり前になってた
入ったばかりの頃は定時までに仕事を終わらせようって頑張ってたのに…
ダラダラ
ダラダラ
※定時に終わっても周りが帰らないので結果的に自分も帰れないので自然と諦めた
私もこの糸がくっついてたの!?
残業になるのは私のせいだから
キリッ
辞めるってなったから切れたのかしら…？
イヤァ〜
バババ
そういえばこの病院…
市内にたくさん看護学校があるわりに悪評が立ってしまって1人も新卒が入ってこないんだよね
そして年中人手不足に
私も市外からの人間だし
その後も市外の人しか入ってこない…
そうか…私が蜘蛛だって感じたものはこの病院から出ている念なんだ

この病院に都合の良い人を引っ張る念なんだ！
近くでは引っ張れないから市外の人を引っ張り始めたんだ！
同僚たちは念で引っ張られているから当たり前のことでも
糸が切れた私には違和感に感じたのかも…？
死ぬまで働かなくてよかった
この糸は強力で退職した後もしばらく近くに住んでいたのですが
その間はしょっちゅう病院で働いている夢を見ました
だけど引っ越ししたら見なくなりました
call
う〜ん
寝た気がしない〜
戻れ
引
夢を見る度にやっぱり看護師をしたかったのかもって
揺れてしまってちょっと怖かったですね

実は看護師になる前にも同じようなことがありました
だいぶ昔に派遣をしていた時現場が変わっても人間関係や環境が毎回似ていてずっと不思議でした
どっさり♥
ストーカー
自分を犠牲にして仕事をやりすぎてしまう人は
過剰に仕事を押し付けられてしまう場所に縁ができやすいです
ムリ〜
自分の意識次第で引き寄せるものが変わってくるので
転職を繰り返している人は今までのことを振り返ってみてください
さて看護師を辞めることを決意した時に霊能者の不動さんに報告しました
どうも大耳の人です
初めて鑑定してもらった時から
ねねさんは招き猫体質なんだから看護師より起業したりお店をやったほうがいいんですよ
それに生まれる前に神さまとした約束は反故《ほご》にできないんですよ
こっちの世界で仕事しなさい
って言われてました
私は看護師になるんですっ霊能者もお店もやりませんっ
頑固…
病気をして病院を辞めることになりました

そりゃそうですよ
霊感ある人ほど
病院で働いたら
体壊しますよ
ゼロ感ぐらいで
ちょうど
いいんですよ
ゼロ感なら
念も受けませんから
ちくしょう
その通りだから
ぐうの音も出ない…
くや〜しい
実は今まで
スピリチュアルな体験を
覚書がわりに
ブログに綴っていて
霊能者はしたく
ないけど石は好き〜
時々趣味程度に
アクセサリーの
イベントに
出店したり
絵を描いて
ハガキを
販売したり
していました
ミネラル
ショー
その延長で
本格的に仕事に
してみようと
思いました
私これから
絵の仕事を
してみます!
絵が
描きたい♪

絵の仕事を始めてはみたものの

私は何人かの霊能者さんから
あなたは招き猫体質！
というふうに言われたことがあります
以前お世話になってた霊能者の澪さんと四国旅行した時のことです
おねーさんが来てから急に忙しくなったわ
さっきまでヒマだったので私と話してた店員さん
澪さんと合流する前に1人で観光してたらお土産屋さんの人に
そんなことを言われたんです
昔からなぜかこういうことが多かったんですよね
……
足湯
あったかい～よ♪
ご飯屋さん
入店後食べる頃には満席
いらっしゃいませ
わーい
お土産屋さん
ホクホク
食べ物ばかり
認める!!
頭にでっかい猫が乗っかってる！
えっ？何？
ニャーン♥

………
ニャーン
視えない猫
…うん まぁなんとかなるか わからんけど 絵を描く仕事を やるだけ やってみよう
見えるインコ
浮気!
ヨロシクね♥
一度きりの人生 後悔したくない もんね
無理だったら 看護師免許を 使おう…
このように起業したり 商売を継続できている方 というのは 招き猫以外にも 実はお稲荷さんが 背後にいることが あります
私の守護神の一柱に お稲荷さんの大ボス 宇迦之御魂神《うかのみたまのかみ》さまが いらっしゃいます 私の招き猫体質の 理由の一つに 宇迦之御魂神さまの 存在が大きいと 思っています
そして絵の仕事を始める時に 守護神である 宮島の弁財天さまに ご報告に行きました 私の絵についての サポートを してくださってる からです
やっぱりやりますって 言ったら怒られるかな? 何しろ 私は以前…
霊能者には なりません
って1回 断ってるからなぁ

でも霊能者
じゃなくて
絵の仕事だから
やっぱり弁財天さま
だよね？
ゼロ
…と、看護師を
辞めた後でも
霊能者になる気は
ゼロでした
しかしそれから
しばらくして
おかしなことに
気づきます
神さまの絵の
オーダーを受けて
描いていた時に
ズー
相手によっては
体調を崩す
ことがありました
日によって
手が重くなったり
頭が痛くなったり
体が重くなったりして
起き上がれなくなったり
しました
これは
おかしい
明らかに
霊障だ…

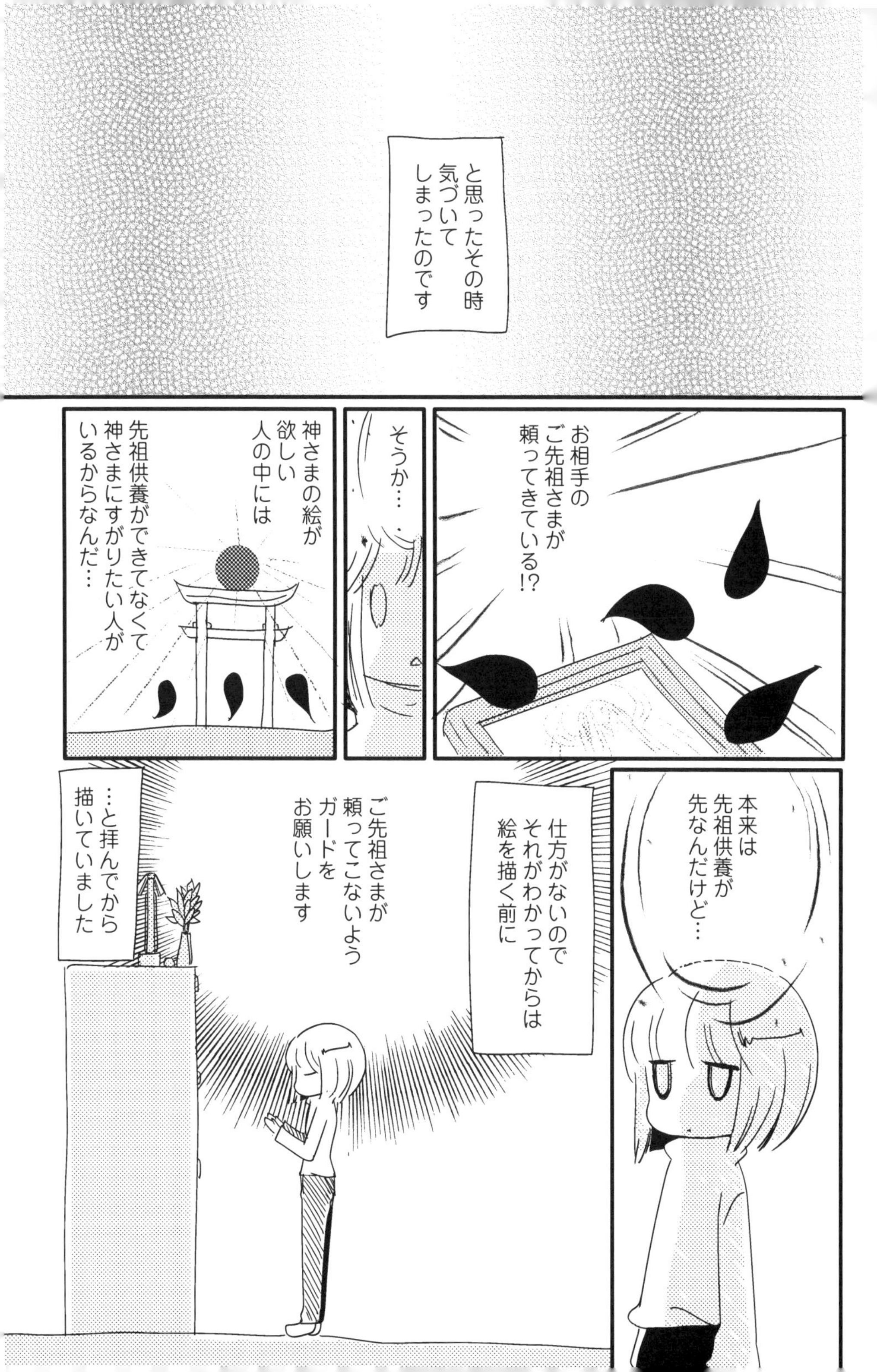
と思ったその時
気づいて
しまったのです
お相手の
ご先祖さまが
頼ってきている!?
そうか…
神さまの絵が
欲しい
人の中には
先祖供養ができてなくて
神さまにすがりたい人が
いるからなんだ…
本来は
先祖供養が
先なんだけど…
仕方がないので
それがわかってからは
絵を描く前に
ご先祖さまが
頼ってこないよう
ガードを
お願いします
…と拝んでから
描いていました

しかしこれはキリがないぞッ!!
助けて〜
私は今の仕事を始めていろんな方と関わるようになってから思い知りました
運気 DOWN
絵をお願いします♥
ハーイ
先祖が成仏していないせいで人生が思うようにいかず助けてもらいたくて神社に行っている人がなんと多いのか…
これから絵を描き続けていくとこれがずっと続くのかしら?
そう思った時以前不動明王さまにいただいた燃える石を思い出しました
しかし私には荷が重い…
霊能者
不動さんに相談したところ
前にメッセージ付きの絵を描いてたじゃないですか
あれをやってみたらどうですか?
神さまはそっちをやってほしいと思いますよ
うーん…
メッセージを降ろすくらいならなんとか…
絵は描きたい…
なるかな?？？

そうやって退職後3年ほどは
霊能者というよりは絵の仕事をメインにやってきましたが
ちょうど3年が過ぎる頃に宮島で開催した個展がきっかけで
逃げ回ってた霊視のお仕事も始めることになりました
絵の仕事で先祖が頼ってくるのも不動明王さまの霊能者の仕事をさせたいという圧力のひとつでもありました
コロナが落ち着いてきたこともあり
ちーん♪
延期していた個展が宮島でできることになりました
着物が好き♡
その時思いつきでミニ対面鑑定をしたことがきっかけです
3年前絵の仕事を始める時は弁財天さまに会いに行きましたが
不動明王さま以前は断って申し訳ありませんでした
結局霊視のお仕事をすることになりましたので今後ともお力添えをお願いいたします
という感じで宮島の不動明王さまにも再度挨拶に行きました
霊能者
結局こうなるのか…

私は知っている
……
あー…この子は素直に言うこと聞かないから
とりあえず石から始めさせようかね
……って思われていることに！
沖縄ではユタさんがかかる巫《ふ》病というものがあります
これにかかると体調がおかしくなり修行してユタにならないといけなくなるそうです
それは沖縄に限らず周りの人の話を聞いていても同様で
霊能者になる時は夢枕に神さまが立ったり断っているとけっこう酷い目にあったりするそうです
確かに元気いっぱいだったら
今でも看護師してるだろうなぁ…
私はふつうの人がする仕事がしたかった
以前うしろのひとに言われたことがあります
看護師は…

今までの前世で散々もうやってるんだから
今世では神さまの手足となって人助けしなさい
生まれてくる前に神さまとした約束は反故にはできない
それはあなたが一番わかってるでしょう…？
…つまり震災からの10年というのは看護学校行きながら霊能者(!?)になるための準備期間でした
やたらとトラブルが多いなぁと。
でもやっぱり私は霊能者じゃなくてただのアドバイザーじゃないかなぁ？
と、今でも本気でそう思っています

父方は隠れキリシタン、母方は戦国武将!?

今回初めて読む方へかいつまんで説明すると
私の父方のご先祖さまは江戸時代に隠れキリシタンをしていました
最初はキリシタンということが代々伝わってなかったので知りませんでしたが
大量に亡くなった方が夢に出てきたり
うーん
祖母と共に顔も知らない先祖らしき人が夢枕に立つことがありました
子供の頃は金縛りも変な夢も気のせいと思っていましたが
ドスン
東北の大震災を契機にこの世界のことを知って
あなたの家は昔キリシタンだったよ
霊能者の知り合いができた時に夢に出ていた人たちが隠れキリシタンだったということが判明します

長崎のマリアさまや
弁財天さまの
助けを借りながら
霊能者さんと
いっしょに
なんとか三百人近くの
未浄化の先祖や
村の人たちに
成仏していただきました
当時は浅はかながら
キリスト教といえば
長崎というイメージしか
ありませんでした
しかし実は私が住む山口県は
日本で初めてキリスト教を
布教した
フランシスコ・ザビエルが
訪れて布教しており、
日本で初めて
クリスマスが行われた
場所でもあります
そうなると
山口県内には
かなりの数の
キリスト教徒が
いたことは
想像できるなぁ
とにかく
解決して
よかった♪
徳川幕府
からも目を
つけられてた
だろうし…
父方の件が解決すると
先祖供養はもう
終わったかのような
気分になりました
しかしまだまだ
続いていたのです

病院を辞めた後私は母方の実家近くに引っ越すことになりました
もやーーー
ぐ
そうしたら夢枕に母方のご先祖さまが出てこられました
うーん母方のほうだよねぇ？
感知しにくいけど成仏してないのかなぁ
先祖供養の基本として
水鳥家御先祖
現在名乗っている苗字のご先祖さまがメインで守護してくださっています
それを知っていたので父方が解決したからもう大丈夫だなと思い込んでいました
母方のほうはお墓などを従弟《いとこ》が継いでいましたし
私は時々お墓参りや行事に顔を出すくらいの関わり方でした
身内のことだしこれは確認してみたほうがいいかもしれない…
やな予感しかないけど…
いっぱい成仏できてない人がいますね
やっぱり

なんか頼ってくる元気もないくらい弱ってる人がいっぱいいいますよ
あれかなぁ…
実は母方のお墓は元々山奥にあったのですが子供の頃に視てしまったのです
こんな状態のご先祖さまを↓
アメーバみたいになってた
従弟は法事などの行事はしていましたが義務だけでやっているのは見ていてわかっていました
供養する時あんまり心がこもってないんだよねぇ
どうも未浄化の人がいっぱいいるようだったので家から供養することにしました
これで安心♪
…って思っていたらその後A豪族という豪族関係の史跡に引っ張られるようになりました
なんでだろう?
うちぃ～
そのA豪族は母方が住んでいた土地の武士の家系の家でしたがキリスト教に少し関わりがある人物がいたので
その時はキリスト教関係で引っ張られたのかもしれないと最初は深く考えていませんでした
まぁいっか…

そんなある日
観光でB寺に行く
ことがありました
何て良い気の
参道～♥♥
境内に着いた時に
歴史の話をしながら
歩いている
ご婦人を
見かけました
マニアックな歴史の
話をされていて
つい話しかけてしまい
ご婦人と意気投合
しました
その会話の中で
A豪族の最後の末裔が
ある寺に葬られている
ことを知りました
そうなんですね
行ってみます
シュッ
この方と会ったのは
偶然じゃ
ないんだろうな～
行ってみると
その末裔の方は
成仏できていません
でした
普段は
他人のお墓では
手を合わせないん
だけど…
※その家の
業をもらったり
未浄化の人が
ついてくるので
そう思いましたが
理由があって
呼ばれたと
思ったので
拝んで帰りました
でも次に
A豪族の他の方の
お墓にも呼ばれた時
B寺の
2代前の人
あ
この人は
前世だ
と
わかりました
流石に
同じ豪族の
お墓に立て続けに
呼ばれるのは
おかしい…
うちの母方は
農民のはずなのに

…ということがあったんですが前世ですよね？先祖じゃないですよね？
前世でもあり母方の先祖でもあるみたいですよ
先祖?!
は!?
いやうちの母方は農民ですよ絶対！
明治以降は特に!!
ものすごく遡ったらその家に行きつくみたいですね
先祖供養できてよかったですね
それはもはや他人では!?
そう思わずにいられませんでした
何百年も前だよ?!
その後住所の由来というものを読む機会がありました
母方の実家の住所はその豪族のお屋敷そばですよという意味の名前なんだそうです
へえ――
そういや近所の人みんな同じ名字だ～
先祖代々みんなずっと住んでて親戚だよね
なるほどものすごーく遡ったらどこかで繋がる可能性がないわけでもない…かもしれない!?
遠縁の女性が嫁いで来たとか…？
でもなんか釈然としないねねさんでした…
でもやっぱ他人じゃね？
しかもどさくさに供養する家が増えてるよね？

先祖のDNA ―前世のカルマ―

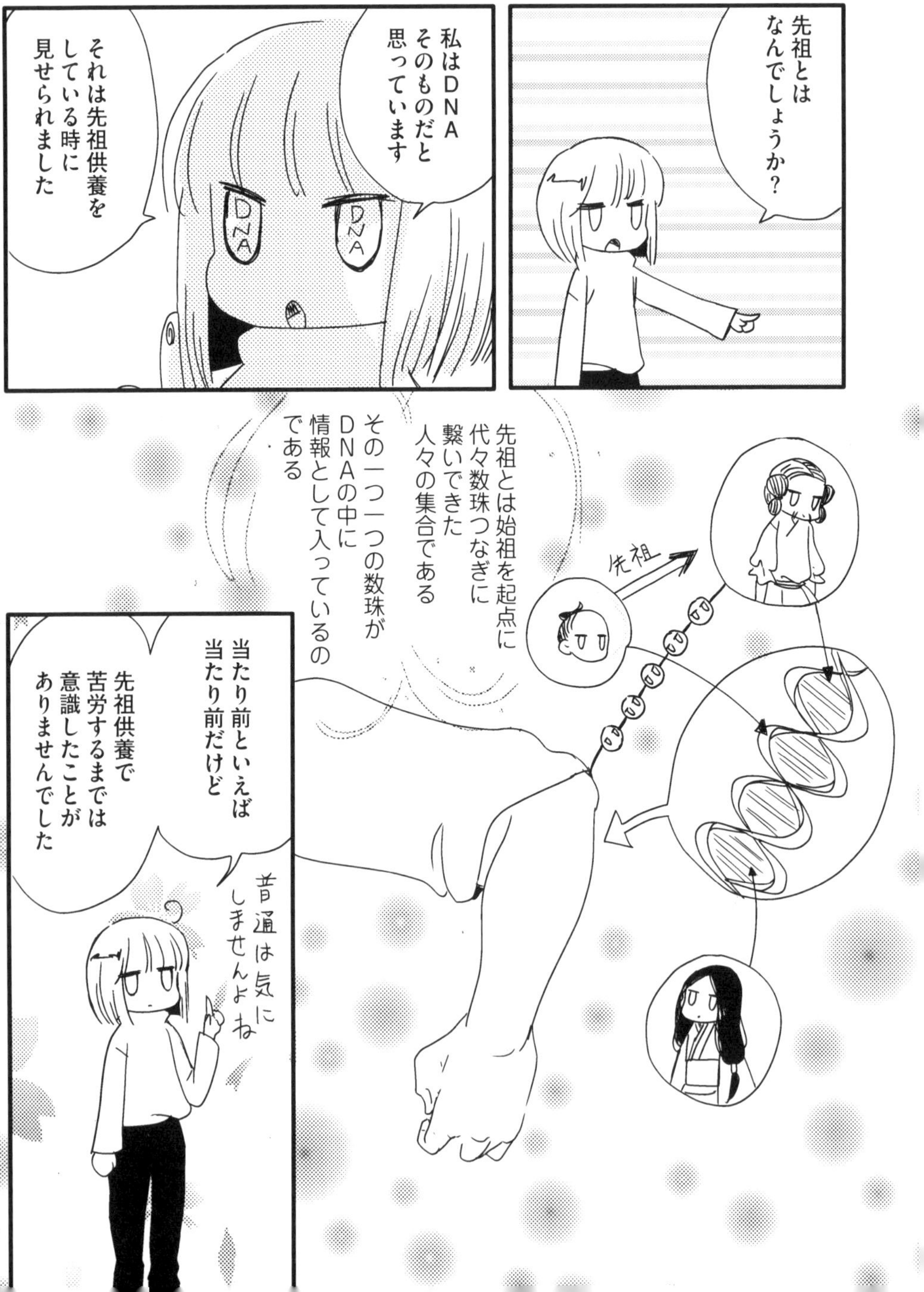
先祖とは
なんでしょうか？
私はＤＮＡ
そのものだと
思っています
それは先祖供養を
している時に
見せられました
先祖とは始祖を起点に
代々数珠つなぎに
繋いできた
人々の集合である
その一つ一つの数珠が
ＤＮＡの中に
情報として入っているの
である
先祖
当たり前といえば
当たり前だけど
先祖供養で
苦労するまでは
意識したことが
ありませんでした
普通は気に
しませんよね

例えばDNAの一つに隠れキリシタンの方の情報があります
そのキリシタンの方の情報に未浄化の本人の魂がアクセスすることで
関係する臓器に霊障として病気が起こったと考えています
また私の場合前世で魔女裁判で宗教弾圧にあっています
そろそろ生まれなきゃ♪
前世でも宗教に関する因縁があるからこそ
同じ因縁のある家を選んで生まれて因縁を解消するのも今世のテーマでした
先祖供養とは例え顔は知らなくても自分の体を構成しているすべての方々の成仏を祈ることで
DNAを修復し今を生きている自分自身を整えていく
ということだと思っています

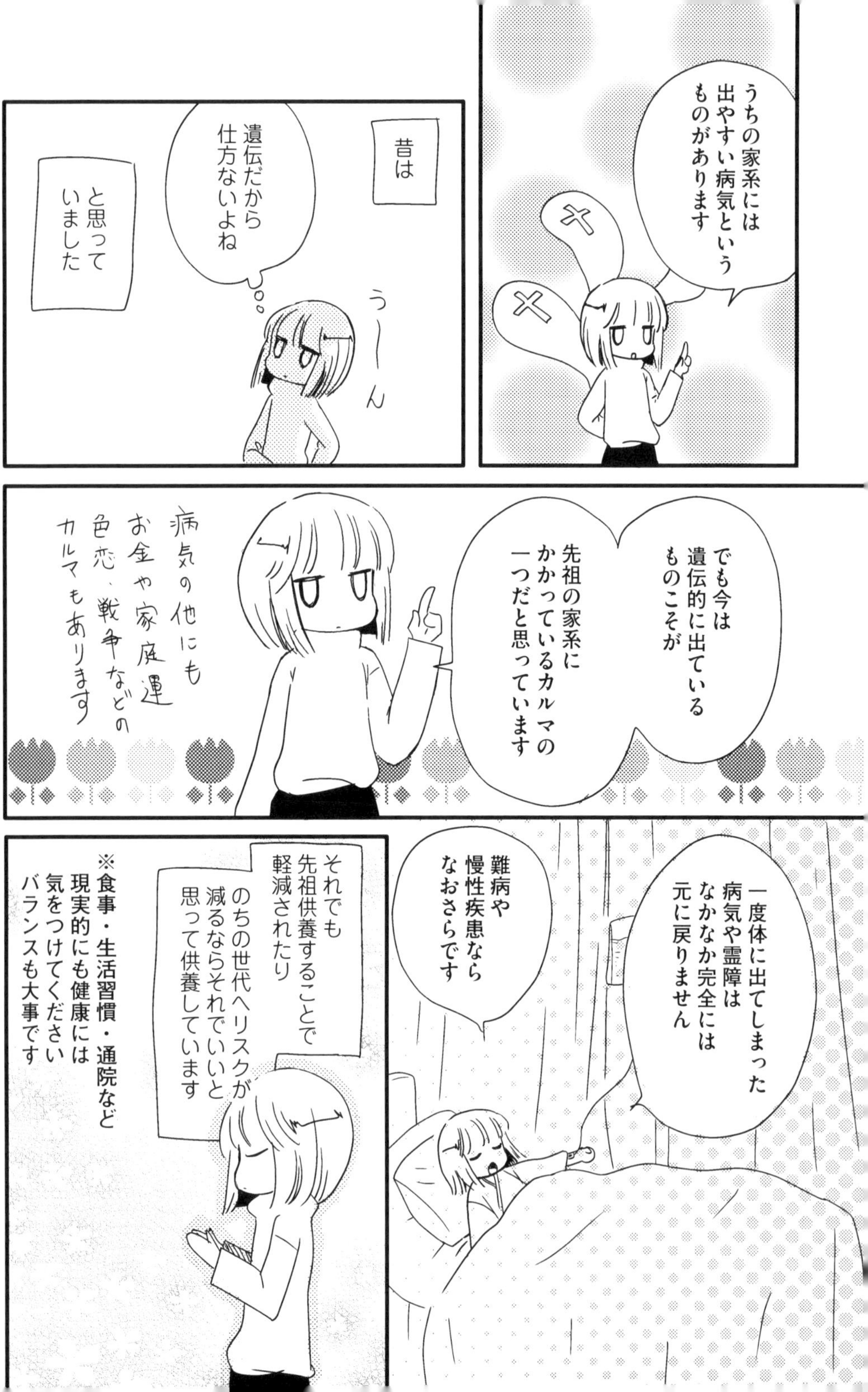
うちの家系には出やすい病気というものがあります
昔は
遺伝だから仕方ないよね
うーん
と思っていました
でも今は遺伝的に出ているものこそが
先祖の家系にかかっているカルマの一つだと思っています
病気の他にもお金や家庭運色恋、戦争などのカルマもあります
一度体に出てしまった病気や霊障はなかなか完全には元に戻りません
難病や慢性疾患ならなおさらです
それでも先祖供養することで軽減されたり
のちの世代へリスクが減るならそれでいいと思って供養しています
※食事・生活習慣・通院など現実的にも健康には気をつけてくださいバランスも大事です

しかし先祖供養では取り除けないものもあります
それは前世の魂の傷（カルマ）からくる病気です
知人に前世で何度も嘘を重ねて人を傷つけた人がいましたが
口の周りに障害が出たり
恋愛や結婚が原因で前世で傷ついたり逆に人を騙したりすると
性に関する臓器に病気が出たりするのを視たことがあります
もちろん過去の時間で作ってしまったカルマもあれば
今生きている時間が原因で作ってしまう病気もあります
ストレスは自分の魂を傷つけますから！
うまくできない
自分が悪い？
私は念を受けたり幽霊に憑依されて
持病が悪化することもありました
憑依がなくなると数値が戻りました

以前
うしろのひとに
人間の脳は
記憶を蓄積する
器官ではなく
再生する器官
記憶を蓄積する
場所は魂
だと
言われたことが
あります
そうか…
体が生まれ変わっても
前世の記憶があるのは
魂に記憶が
残っているから
なんだ…
看護の教科書
には載ってないけど
またイメージで
視せて
もらいましたが
魂はエネルギーそのもので
体の細胞一つ一つに
溶け込むように入って
細胞や臓器を動かしている
とも言われました
臓器移植をした時に
臓器提供者の記憶を
思い出すことがあるのは
相手の細胞を取り込む
からではないかと
思っています
輸血の介助に
入った時
指導の看護師に
失礼します
これも移植と
同じだから
えっ
血液なのに？
って言われたことが
今でも印象に
残っています
他人の細胞を
取り込むという
意味では
移植なんですよね

強いカルマとなっている前世は
亡くなる時に体が傷ついていることが多いです
それは体が傷つくことで細胞に入り込んでいる魂も傷ついて
強く魂に刻まれているからだと思っています
つまり魂が傷ついている内容によって
他人に裏切られた
集団が恐い
それが細胞を通して関係している場所に影響が出ているのではないかと感じています
私は視えない世界のことを知った時に真っ先に先祖供養をすることになりました
先祖のDNAを整えてから
魂そのものに影響を与えている前世を癒すことで
劇的に楽になりました
子供の頃からわけがわからない不安や嫌悪
どこからくるのかわからない苦しみを持っていました
何十年も経った今それらが解消される日がくるとは思っていませんでしたが
導いてくれたうしろのひとや関係してくださった方々へ感謝です

一番の開運とは？

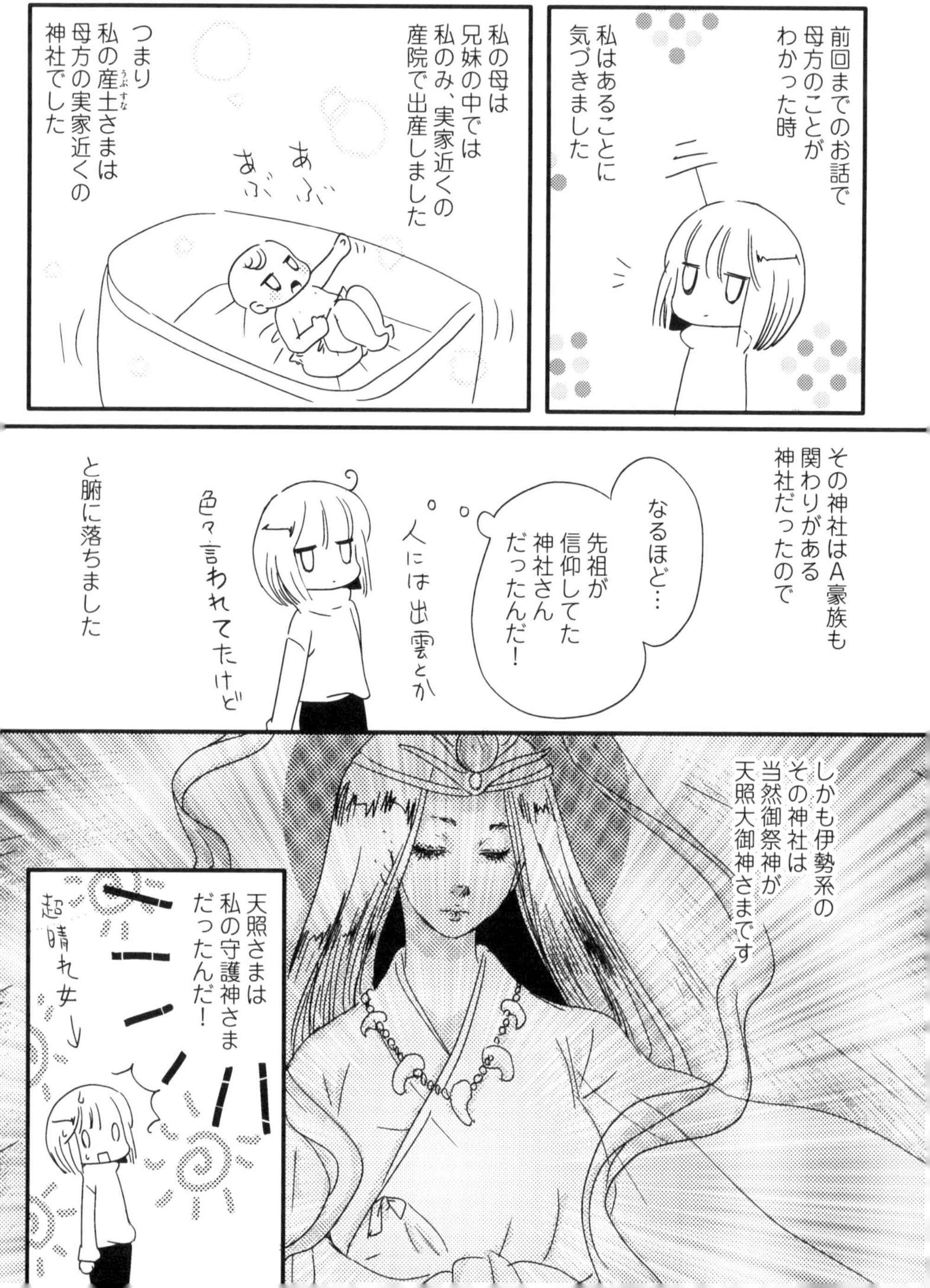
前回までのお話で母方のことがわかった時
私はあることに気づきました
私の母は兄妹の中では私のみ、実家近くの産院で出産しました
あぶあぶ
つまり私の産土《うぶすな》さまは母方の実家近くの神社でした
その神社はA豪族も関わりがある神社だったので
なるほど…先祖が信仰してた神社さんだったんだ！
人には出雲とか色々言われてたけど
と腑に落ちました
しかも伊勢系のその神社は当然御祭神が天照大御神さまです
天照さまは私の守護神さまだったんだ！
超晴れ女↓

開運しようと思って神社に行く人が多いと思いますが
神社というのは元々その地域の人や有力な豪族が
自分の先祖を祀るために建てていることが多いです
伊勢神宮も皇室の先祖を祀っています✧
つまり先祖供養のために建てられています
大昔その神社を作った一族がその後代々宮司を務めるということも少なくありません
大物主様
三輪氏
昔の人は自分の先祖を神として祀ることで
一族の繁栄を願ったのではないかと私は考えています
※わかりやすい例だと神上がりしている徳川家康公
なので他人がすごいと言っているパワースポットよりも
自分の身近な神社や先祖が信仰した神社へ行くほうがずっとご利益があります
私も自分の前世や先祖のことがどんどんわかってきて
昔呼ばれていった神社はやはりご縁があった場所だと理解できてきました
一巻に描いた伊勢の話もその一つです!
ようするに神社の御祭神は昔実際に生きていた人なんです

人は亡くなった後
神として祀られたり
生前徳を積むことで
すごく高いところに上がることがあります
菅原道真公
そういう方が多い家系は運気も強く子孫を護る力も強いです
しかし成仏できていない先祖が多かったり
ある家系の例
修行中
成仏できても下の方にいるご先祖さまもいらっしゃいます
天界
成仏のライン
地上
ここが多いと家全体の運気が下がる
そういう方は死後自分のことで手一杯で子孫を護るどころではありません
つまり先祖がどんどん成仏して上に上がっていくことで
子孫を護ったり導いていけるようになるため

先祖供養は
一番手っ取り早く
確実に運気が上がる
開運法なんです!!
前述したように
始祖となる神さまに
なっている
ご先祖さまは
はるか大昔の人です
神
その間には
多くのご先祖さまが
存在しています
下の世代に影響
つまり神さまと
自分自身の間に存在する
ご先祖さまを供養することで
神さまとしっかりと
繋がることができます
神
※逆にいうと
先祖が成仏していない人は
神社に行っても
パワーを受け取り
にくいです
神社に行っても
人によっては
神社で拝む前に
仏壇で拝むほうが
先だと言われる
こともあります

私は今まで散々経験してきたからわかりますが
未浄化になっている幽霊さんというのは強いマイナスのエネルギーを持っています
憑依されるとものすごく気分が落ち込んだり
体がだるく何もやる気が起こらなくなります
一時的に憑かれた幽霊さんは祓えば元に戻りますが
他人
先祖が成仏していない場合は家系に憑いているものなのでそれがずっと続きます
先祖
先祖がそういった状態の場合も当然マイナスに引っ張ることになります
憑かれている状態が続くと当然運気もダウンします
なんとかしようと一時期風水にはまって模様替えをしたこともありましたが
根本的な原因が違うのであまり変わりませんでした

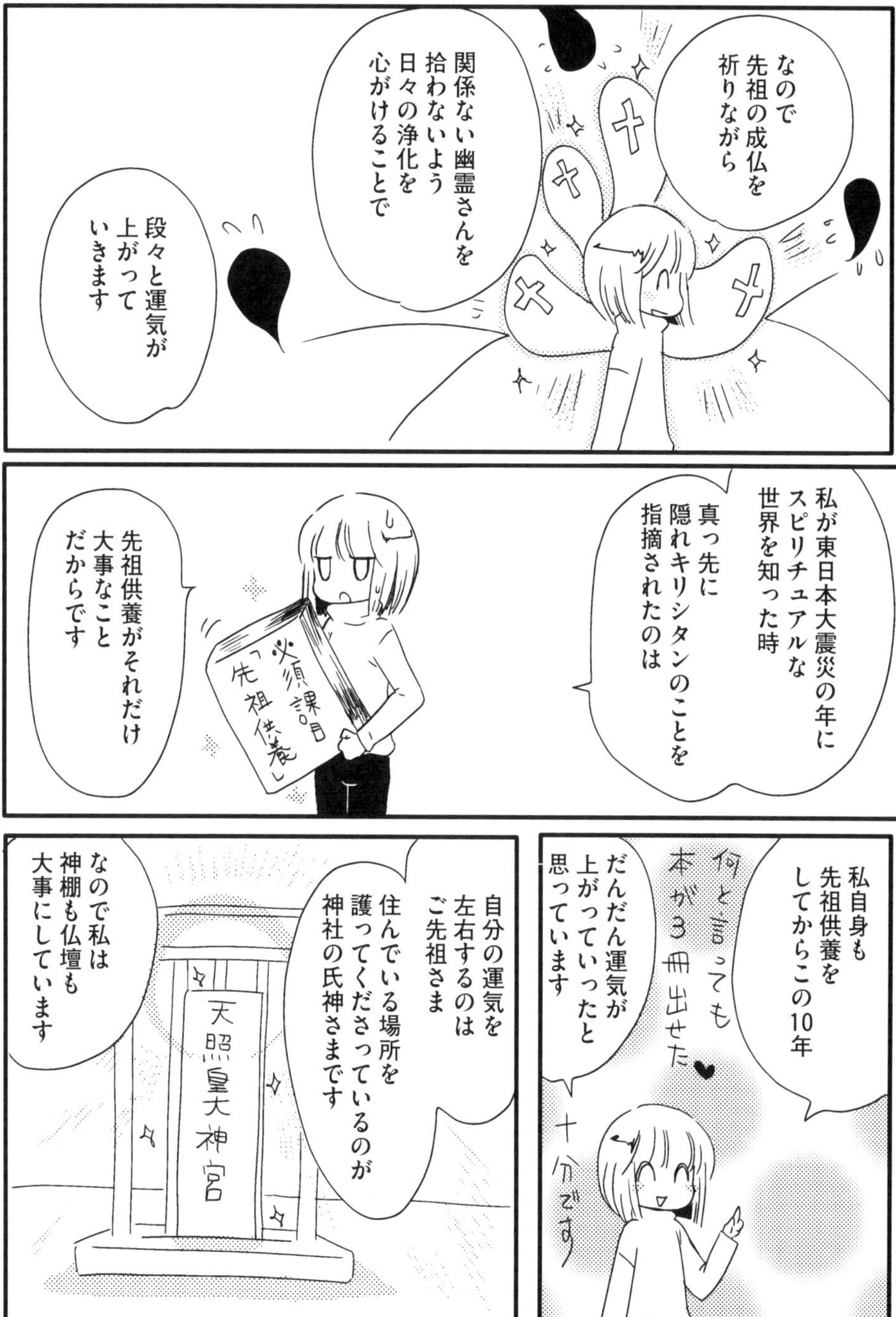
なので先祖の成仏を祈りながら
関係ない幽霊さんを拾わないよう日々の浄化を心がけることで
段々と運気が上がっていきます
私が東日本大震災の年にスピリチュアルな世界を知った時真っ先に隠れキリシタンのことを指摘されたのは
必須課目「先祖供養」
先祖供養がそれだけ大事なことだからです
私自身も先祖供養をしてからこの10年
だんだん運気が上がっていったと思っています
何と言っても本が3冊出せた♥
十分です
自分の運気を左右するのはご先祖さま
住んでいる場所を護ってくださっているのが神社の氏神さままでです
天照皇大神宮
なので私は神棚も仏壇も大事にしています

神棚を管理して お札を拝むことで 家の中に幽霊さんが 入りにくくなります
ただいま
家の中に小さな 神域ができるからです
結界
そして先祖供養 することで 外にいても 護って頂いています
特に霊感体質で 視えないものの 影響を受けやすい方は これだけでも 負担が減ると思います
やってみて 悪いものでは ないのですが 神社に行っても 断捨離しても 風水で部屋の中を 変えてみても
実は全部 やったいい
今一つ…という人は 根本的な原因が違うかも しれないので 先祖供養を してみてください
今すぐできる 確実に運気が 上向きになる 開運方法の一つ だと思いますよ

前世にまつわる不思議なお話

ねねさんの前世まとめ

私は今までいろんなカルマになっている前世を思い出してきました
ざっくりいうとこんな感じです
隠れキリシタン
先祖供養（先祖の宗教のカルマ）
←魔女裁判（自分の宗教のカルマ）
←戦争のカルマ
←恋愛結婚のカルマ
この中になぜ先祖供養が入っているのか？
実は先祖＝前世ということがあります
例えば鎌倉時代の前世の1人が子孫を残し
その家系にまた自分が生まれてくるということがあるのです
武士
先祖
平民
今
前世
生まれてくる家 結婚することになる家というのは元々前世で縁があったところです
先祖供養とは前世供養ともいえます

先祖を供養して
前世の自分が
成仏できると
自分の魂の
カルマも
軽くなります
成仏しろや
そもそも
「カルマ」とは
前世で負った
魂の傷です
溺れた覚えもないのに
なぜか水が怖い人の場合
前世で溺れ死んだ
可能性があります
それが魂の傷となって
無意識下では
水が怖いとなります
NO
さて私の前世の
カルマの多くは
大きく分けて
宗教のカルマ
戦争のカルマ
結婚のカルマ
が、ありました
魔女裁判と戦争の
前世については
1&2巻に
描いてますので
ぬるっと
宣伝
詳細が知りたい方は
よかったら読んで
みてくださいね
魔女裁判は
中世のスペインにおいて
密告されて拷問を受けて
亡くなった前世でした
無実の罪
裁判での集団から
受けた非難
密告によって裏切られた
心の傷
私はこの前世のカルマが
原因で集団が怖く、人前で
話すことが苦手でしたが
今はかなり楽になって
そこまで苦手では
なくなりました

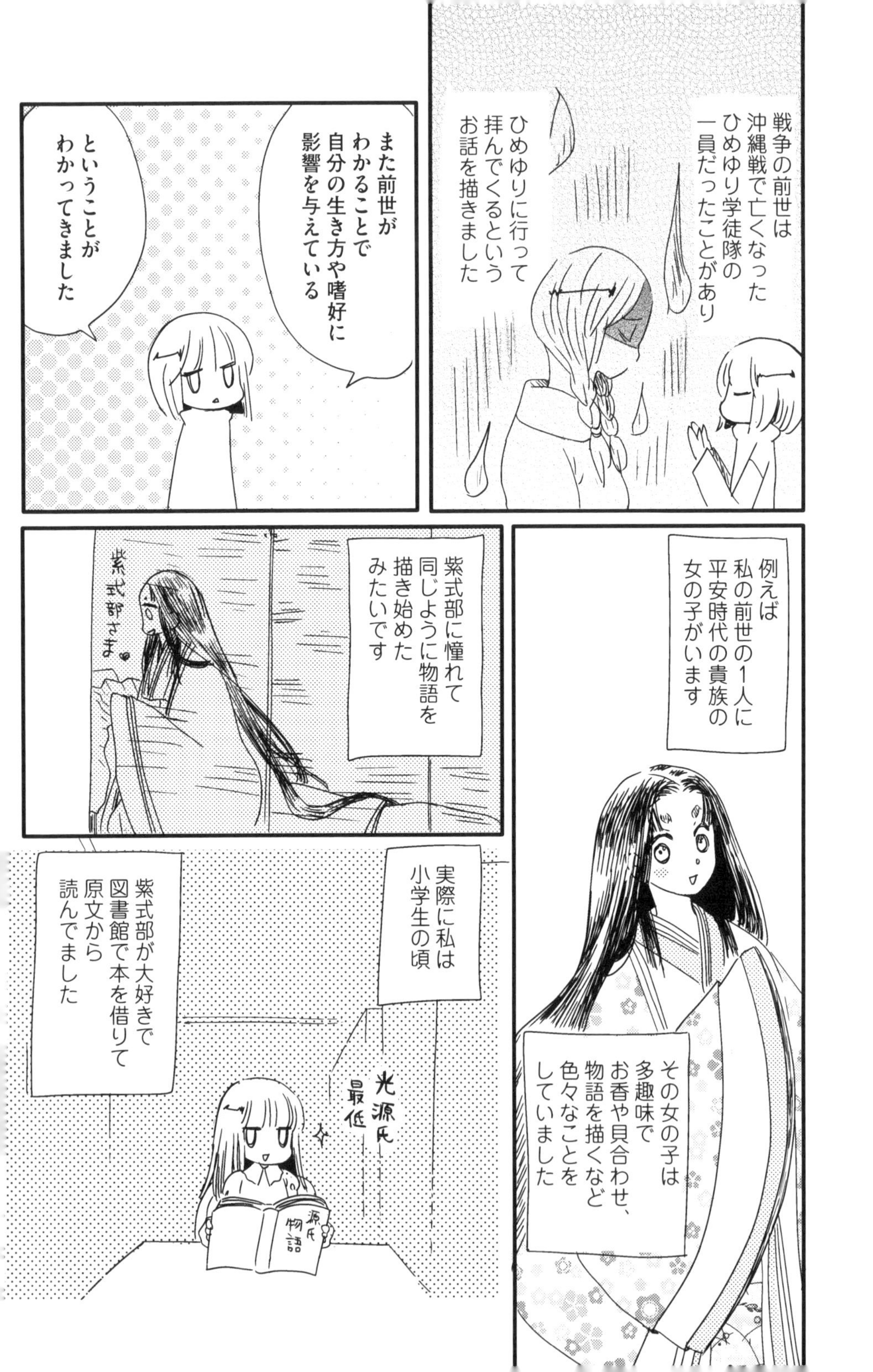

戦争の前世は
沖縄戦で亡くなった
ひめゆり学徒隊の
一員だったことがあり
ひめゆりに行って
拝んでくるという
お話を描きました
また前世が
わかることで
自分の生き方や嗜好に
影響を与えている
ということが
わかってきました
例えば
私の前世の1人に
平安時代の貴族の
女の子がいます
その女の子は
多趣味で
お香や貝合わせ、
物語を描くなど
色々なことを
していました
紫式部に憧れて
同じように物語を
描き始めた
みたいです
紫式部さま
実際に私は
小学生の頃
紫式部が大好きで
図書館で本を借りて
原文から
読んでました
光源氏
最低
源氏物語

今思うと この女の子の前世は 私の漫画好きや コミックエッセイを描く 原点ともいえます
しかし少女の影響は これだけではありませんでした
平安貴族というのは 生活に困ることもなく 結婚も親の言いなりの 時代でした
おかげで 幼少期の私は 地に足が ついておらず
毎日歌詠んで 楽しい一日が 終わるのよ♥
自分のことを 自分で決められない 優柔不断な 一面もありました
進路 どうしよう
絵以外は やりたいことも ないし…
大学
就職
子供の頃は 人生の経験が 少ないせいか 前世の影響が 特に強く 記憶も濃かったように 思います
また前世に関する 場所に行ったり 本を読むことで
その前世が 活性化することも ありました
スペインに行く前に スペインの画家に ハマってプラド美術館へ行きました♪
ドラマを見てから突然 新撰組にハマって 京都に行ったり 福島に行ったりした
池田屋跡 見に行ってくる!!
私の場合は 後から考えると
…………

生まれてくる前にこの時期にこのカルマを解消すると決めてきて生まれてきたのではないか!?
と思うぐらい同じ時期に似たようなカルマが浮上してきていました
しばらく戦争の夢を見続けたり
うーん
また自分以外の人の濃いカルマを視た時は大変驚きました
以前前世で神父をしてたことがあったの
でもある時…
知人のスピな人
霊能力があることで村の人たちに悪魔だと思われて教会で殺されてしまった時に神さまなんていないって思ったよ
黒い炎!?
私にはなぜかその人のカルマが黒い炎に視えたことがありました
自分が信じていたものに裏切られて亡くなった時黒くて影が強いカルマになるのかな?
もしかしたら魔女裁判の時のカルマがある私を
今の自分が視たら黒い炎が視えるのかもしれません

これから お話しする 私の前世の話は
大変でしたぁ…
自殺した前世と エクソシストとして 働いていた時の お話です
前世とは何か 前世で負った 心の傷が どういうふうに 影響を与えるのか
成仏できていない 自分の前世が 出てきた時
自分にどういった 影響が出るのか 知ってもらえると 嬉しいです

イタリア旅行と自殺した前世の恐怖体験

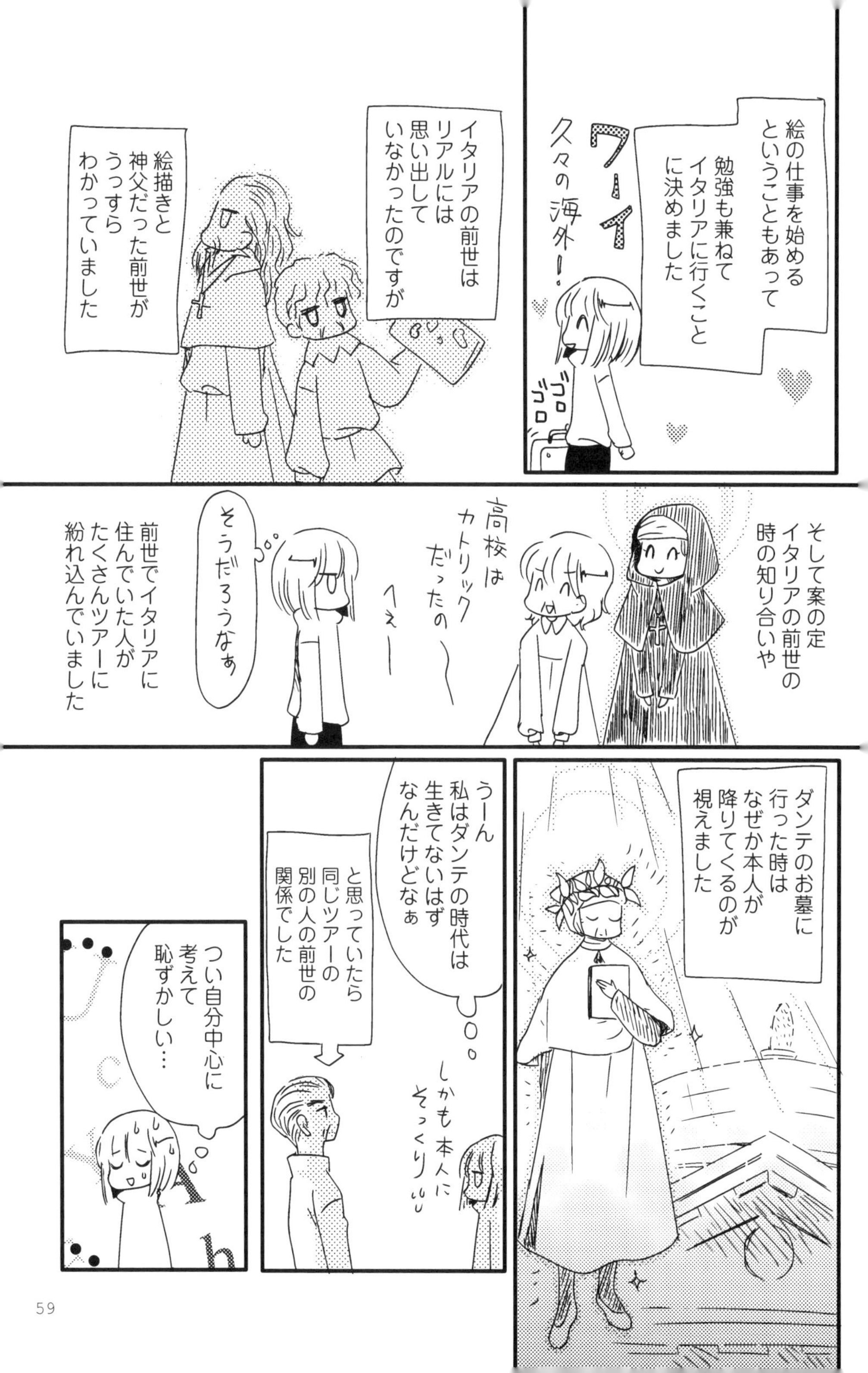

絵の仕事を始めるということもあって
勉強も兼ねてイタリアに行くことに決めました
ワーイ
久々の海外!
ゴロゴロ
イタリアの前世はリアルには思い出していなかったのですが
絵描きと神父だった前世がうっすらわかっていました
そして案の定イタリアの前世の時の知り合いや
高校はカトリックだったの～
へぇー
そうだろうなぁ
前世でイタリアに住んでいた人がたくさんツアーに紛れ込んでいました
ダンテのお墓に行った時はなぜか本人が降りてくるのが視えました
うーん私はダンテの時代は生きてないはずなんだけどなぁ
と思っていたら同じツアーの別の人の前世の関係でした
しかも本人にそっくり
つい自分中心に考えて恥ずかしい…

10日間という
長いツアーだったため
自然と仲良く
なった人たちがいました
社交的な
Aさんや
B夫妻
C親子
などです
この人たちは
バチカンで
働いていた時の
知り合いだなぁ
年齢が近いこともあって
わりと食事のテーブルを
一緒にすることも
多かったです
ヨーロッパ旅行は
これで
3回目ですが
古い街ばかりなので
全体的に幽霊さんが
多かったです
しかし教会の中は
綺麗なことが多く
バチカンもさぞかし
綺麗だと期待して
行きました
ん？
なんか
変だぞ…
大聖堂に入った時に
巨大な男の顔が
視えました
お前は
知っている
はずだ

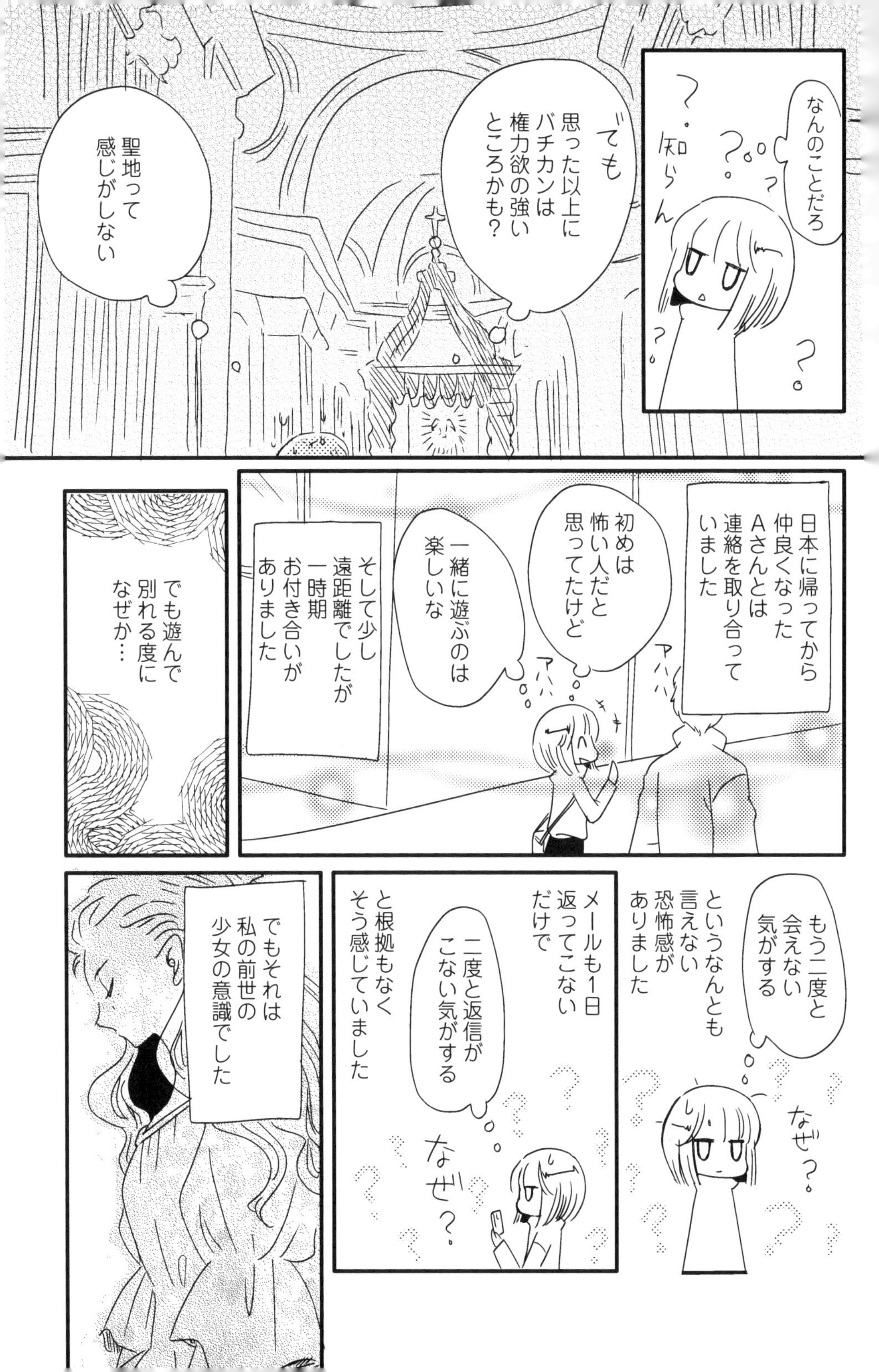

なんのことだろ
知らん
でも思った以上にバチカンは権力欲の強いところかも?
聖地って感じがしない
日本に帰ってから仲良くなったAさんとは連絡を取り合っていました
初めは怖い人だと思ってたけど
一緒に遊ぶのは楽しいな
そして少し遠距離でしたが一時期お付き合いがありました
でも遊んで別れる度になぜか…
もう二度と会えない気がする
というなんとも言えない恐怖感がありました
なぜ?
メールも1日返ってこないだけで
二度と返信がこない気がする
と根拠もなくそう感じていました
なぜ?
でもそれは私の前世の少女の意識でした

しかし本当に数か月後パタっと連絡がこなくなりました
・・・
相手の生活環境が変わったのは知っていましたが
忙しいというより明らかに無視されているような感じでした
最初は
まぁ仕方ないか
と思っていましたが
次第に突然涙が止まらなくなったり
なんとも言えない苦しさに襲われるようになりました
そうしているうちに自分の前世が視え始めました
成仏できていない外国人の少女でした
ここまで成仏できてない前世を視るのはスペインの魔女裁判以来だ…
なぜここまで陰の気を彼女がまとっているのか最初はわかりませんでしたが
彼女のことが次第にわかるうちその理由にやっとたどり着きました

18～19世紀頃の
イギリスの
18歳ぐらいの
中流階級の
少女でした
彼女には
成人する頃に
結婚を約束した
年上の恋人が
いました
←Aさん
それがAさんの
前世でした
でも突然Aさんの
前世と連絡が
取れなくなって
少女は混乱しました
見かけて
話しかけようとしても
無視してどこかへ
行ってしまいました
人づてに
貴族の女性との
縁談が
持ち上がった
と聞いて
少女は絶望して
橋から身を投げて
亡くなりました
自殺した前世
だったんだ!!
どうりで
酷い状態な
わけだ!
そういえば
私…
小学生の時
結婚なんて
絶対しない!
もん!
って周りに
公言してたっけ

よく考えたら
あれって
結婚のカルマ
だったんだ
しかし実際の恐怖は
ここからが
始まりでした
成仏できてない
幽霊さんは
陰に引っ張る力が
すごく強いです
それが前世ともなれば
祓うこともできず
とても厄介でした
長い時間
涙が出るし
何もしてないのに
私が
悪かったから
ふられたんだ
亡くなった状態で
時が止まっているため
彼女のマイナス思考に
引っ張られるし
隙あらば
橋から身を
投げたくなるし
ウォーキングルートに橋がある
やめて
やばい!!
このままでは
うっかりあの世に
連れていかれる!!
ヤバイ
ヤバイ
どうしたら
いいんだろう
勝手に涙

しかもAさんを恋しがって彼女がやたらとメールを書こうとします
私が何か気に障ることを言ったから連絡がこなくなったんだ
やめてくれ
彼女がそう言いながらメールを打とうとするのを必死に止めていました
遠距離だったので確実ではありませんが
Aさんは実際環境が変わって新しい出会いがあったと私は思っていました
しくしくしく
Aさんはイタリア旅行の少し前に仕事辞めたって言ってたし
うっとおしいなぁ～
たぶん これは前世の焼き直しだ
立場や展開が前世によく似ているから
思い出さないといけない前世の場合
私はこの前世を思い出すためにイタリアに行ったのかもしれないなぁ
う～ん
なぜか状況が似ていることが多かったです
彼女はとにかく
「自分が何か悪いことをして捨てられたと思い込んで自分を責めている」
死んだ時で時間が止まっている
それが成仏できにくい一因でした

自分が悪くないと気づかせないと…
しくしく
そもそもAさんの前世が本人の口からしっかり彼女に別れの理由を言ってくれてれば
自殺なんてしなかったかもしれないのに…
婚約までしといて！
逃げずに最後くらいキチンとしろ！
そう思ってあえてAさんにメールを出してみました
ハッキリ今の状況を聞いて彼女にそれを見せることで諦めてくれたり納得してくれれば成仏しやすいと考えました
なぜなら人は納得できないことに対して色々な気持ちを残してしまう生き物だからです
この際
理由さえ書かれてあれば新しく彼女ができたでもなんでもいいんだよ
でも案の定この時送ったメールも無視されました
やっぱ無理か
しかしここは私自身の命もかかっているから背に腹はかえられない
仕方がないのでAさんがネットに載せてた今の生活状況を彼女に見せました
なぜこんなことをせねば…
これは時間をかけて癒していくしかないかな

そしていつものように前世の人格に直接話しかけることにしました
あなたは悪くないんだよ
彼はあなたより条件の良い相手を見つけてそっちに行っただけ
なのにあなたは辛いからと一つしかない自分の命を投げ出してしまった
天から与えられた一番守らないといけないものなのに
話しかけた時彼女の両親が悲しんでいる様子が視えました
そのおかげか何度か繰り返し話しかけているうちに段々と彼女が静かになっていきました
そのうち自分のしたことを反省して内観しているようでした
やれやれと思っているうちにもう一つの前世を思い出してしまいました
きっかけは日本のゾンビ映画でした
もぐもぐ
あるシーンを見た時に古代の戦争の一場面が視えました

なんだ今の!?
その夜こんな夢を見ました
古代のイギリスで私は騎士をしていました
ある領主に仕えていましたが他の国に攻め込まれてしまいました
戦況が悪くなっていき領主が錯乱してきました
指揮をとるべき立場を投げ出してしまい
領主が口汚い言葉で騎士や部下を罵り出した時
私の前世はもう無理だと思い領主を剣で貫いてしまいました
このの領主はAさんの前世だ…
そうだったんだ因果応報だったのか

Aさんの中に私に殺された恨みが残っていたのかもしれない
少女は自殺でもあり自分の前世の因果で殺されたのかも…
恨
輪廻
恨
恨
輪廻
恨
前世の領主のために謝罪し祈りました
前世ではあなたの命を奪って申し訳ありませんでした
それがわかってからさらに少女の浄化が進み綺麗になっていきました
私の気持ちもどんどん軽くなっていきました
よかったぁ
ウフ
今回のことで私は一つ疑問を持ちました
もしかして世の中で自殺した人の中には自殺した幽霊に憑依された人もいるかもしれないけど
何かの拍子に自殺した前世が出てきてしまってそれに気づかず引きずられた人がいるのかも?
自分の感情と勘違いしやすいから!
突然意味もわからず気持ちが落ち込んだ時は
それは前世の影響かもしれません
早まる前に
考えてみてね!

悪魔祓いに失敗した神父の話

自殺した前世で大変な時にふと思いました
イギリスの前世の他にも覚えてないだけでもしかしたらAさんと出会っている前世があるかもしれない
またその頃見た映画で前世の記憶を刺激するものがありました
もぐもぐ
その映画のラストのほうでキリスト教の悪魔のような容貌の存在が出てくるのですが
そのシーンを見た時に
助けられなかった
という声が聞こえて涙が勝手に出てくるのです

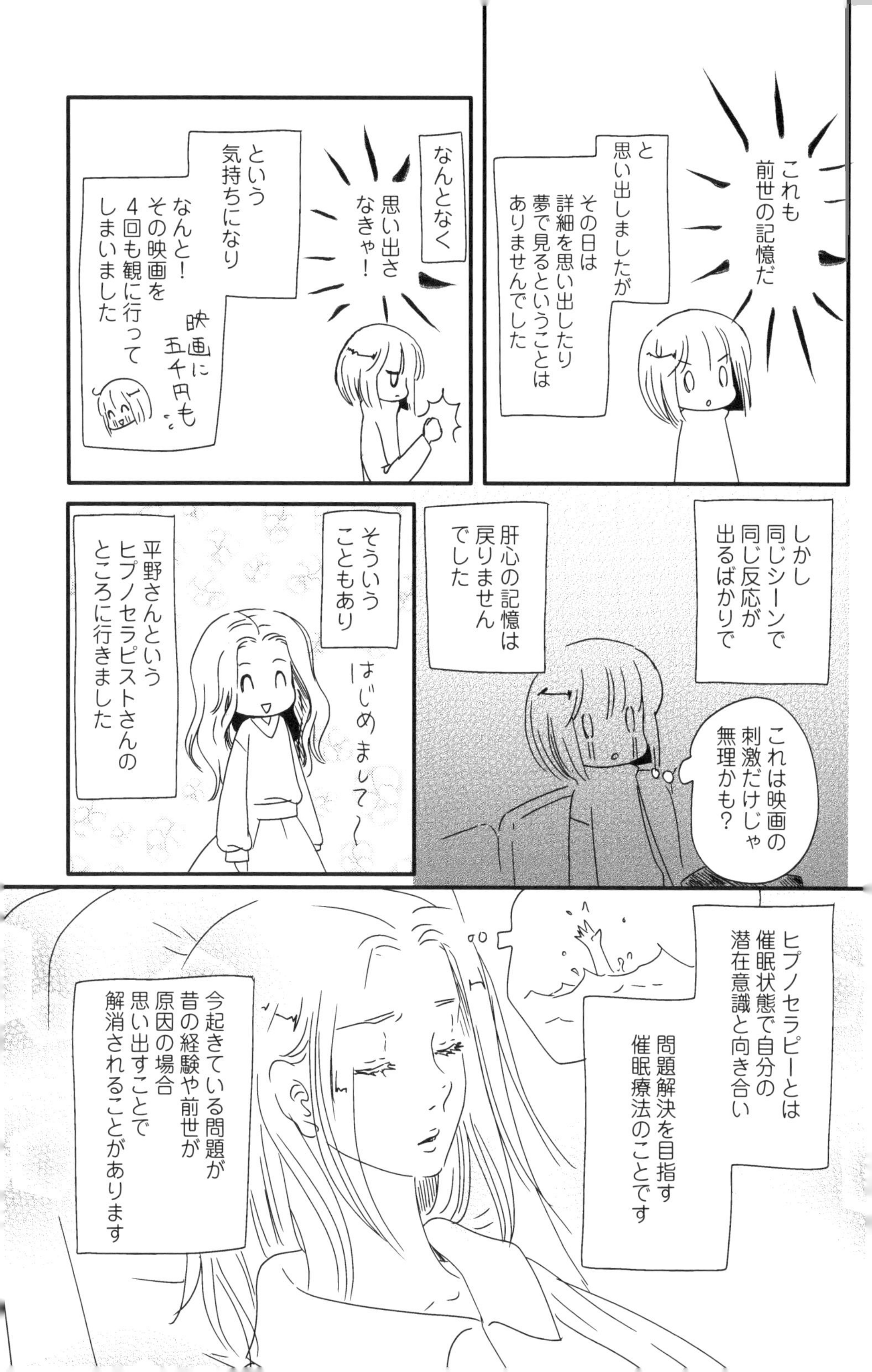

これも前世の記憶だ
と思い出しましたが
その日は詳細を思い出したり夢で見るということはありませんでした
なんとなく
思い出さなきゃ!
という気持ちになり
なんと!その映画を4回も観に行ってしまいました
映画に五千円も
しかし同じシーンで同じ反応が出るばかりで
肝心の記憶は戻りませんでした
これは映画の刺激だけじゃ無理かも?
そういうこともあり
平野さんというヒプノセラピストさんのところに行きました
はじめまして〜
ヒプノセラピーとは催眠状態で自分の潜在意識と向き合い
問題解決を目指す催眠療法のことです
今起きている問題が昔の経験や前世が原因の場合
思い出すことで解消されることがあります

催眠に入る前にお話を聞いていただきました
犬がいる♥
なるほどイタリアでの出会いで自殺した前世が出てきたんですね
それに映画の時の反応も気になりますね
必ずしも前世が出てくるとは限りませんがやってみましょう
鼻から息を吸って口から吐いていきましょう
頭のてっぺんから足のつま先まで天からの大いなるエネルギーが入っていきます
肺の中にもキラキラとした光で満たされていきます
最初はリラックスできる誘導で段々と催眠状態になっていきました
今あなたは図書館にいます
自分の前世が書かれた本を探してください
見つけたら椅子に座ってページをめくってください

そのページは何ページ目ですか?
56ページ目です
それでは今からそのページの中に入っていきます
パッ
1、2、3、ハイッ
周りに何が見えますか?
教会ですステンドグラスが見えます
あなたのお名前は?
ロレンツォ
ではロレンツォあなたは男性ですか?
はい
年は?
20歳です
教会で何をしているのですか?
教会で仕事をしています神父見習いです
それではあなたの子供の頃に飛びましょう
何が見えますか?
粗末な小屋です両親がいます

父は馬の世話をして母は編み物をしています
優しい両親ですがとても貧しいです
私は子供ですが町で靴磨きをして両親を助けています
学校には行ってません
ある日靴磨きをした男性からバチカンで働かないかと誘われました
両親は喜んで奉公に行かせました
初めてバチカンに行った日妙な男性に会いました
ようこそ
男性の後ろに変な生き物が視えました
なんだあれ？
事務長という人で私に偉い人の身の回りの世話をしてほしいと案内してくれました
昔の私はけっこう視えていたんだな
宗教組織も大きくなると欲に落ちた人間がいたんだね
お金を扱う仕事だからっていうこともあるかもしれないけど
町の神父さまにはあんなもの視えなかったのに
お前は知っているはずだ
バチカンで言われたことはそういう意味だったのかも？

アントニオ
世話係を
連れてきたぞ
Aさんの
前世だ！
アントニオという
偉い人の姿に
Aさんの姿が被って
視えました
古代イギリスの
前世に引き続き
イタリアの前世でも
私より偉い人
だったんだね
正直嫌なことを
言われることもあり
ロレンツォはあまり
好意的に見ては
いなかったようです
しかし
大きくなるにつれて
人生の転機が
訪れます
神父に
なりたいという
気持ちがあり
無学ではあったものの
文字を覚えたり
努力をしているうちに
神学校への
進学が
許されました
学生時代は
人生の中で
一番楽しい
時代でした
イタリア旅行で
よく一緒にご飯を
食べてた人たちは
同じ寮の学生
だったんだ
なるほど―
アハハ

それでは場面を先に進めましょう
今あなたは何歳ですか
69歳です
現在何をしていますか
小さな教区を任されて
悪魔祓い専門の神父になっています
今両親に依頼されて小さな女の子の悪魔祓いをしています
強力で中々祓えない
あれはなんだ…!?
ビジッ
あっ!
魂が!!
催眠下でも視ることで
あの悪魔のようなものにチャンネルが合ってしまったのを感じました
やばい!来てしまう!
ザワッ

どうしました？
ガタ
金縛りにあったように動けず答えられませんでした
……
催眠療法中端っこで静かに見ていた平野さんの犬が
ハッ
ワンワンッ
急に吠え出してくれたおかげで金縛り状態から脱することができました
ありがとう
怖いもの見せちゃったね
ごめんね
スゥ
この子にも視えたんだね
ワンッ
大丈夫ですか？
はい
続けられますか？
大丈夫です
小さな女の子にとり憑いた悪魔を祓っていたけど…
魂を持ち去られてしまった…
助けられなかった…

助けられなかった…
この問題のシーンを見た時
助けられなかったと神父が何度も呟いているのが聞こえました
幼少期にAさんの前世から受けた仕打ちなんて霞むぐらい
この時のことが彼に影を落としてしまったのがわかりました
それでは臨終のシーンに移動しましょう
今どういう状況ですか？
ベッドに横たわって周りをシスターや信徒の人たちに囲まれてる
みんな悲しそうな顔で私を見ている

どうして亡くなったと思いますか
老衰です
長生き～♡
周りの方はどう思っていますか
過労だと…
ロレンツォからねねさんへのアドバイスはありますか？
人助けのために働きすぎたから自分の時間を持ってほしい
そんなこと言われてもなぁ…
…………
それでは今の時代に戻ってきましょう
どうでしたか？
映画館で見ていたシーンで涙が出てくる理由がやっとわかってスッキリしました！
ありがとうございました
ワンッ♡

その後1人になって
神父にチャンネルを
合わせていました
・・・・
この時の私は
今以上に色々
視えていたみたい
教会の
人なのに！
初めて
バチカンに行った時も
近所の神父さんには
視えなかったものが
憑いていて驚いていた
バチカンの人なのに
町中の欲深い人と
同じものに
取り憑かれてるって
そういう能力が
あるから次第に
悪魔祓い専門の
神父として
頭角を現して
いったんだけど
人生の最後のほうで
強力な敵と出会ってしまい
それがカルマに
なってしまっている…
そういえば…
私は看護学生の時に
小児科の看護師を
目指していました
もしかしたら
無意識のところで
あの時救えなかった少女と
会いたかったのかも
しれないな…
そんなことを
考えていたら
前世の神父に
驚くべき事実を
伝えられました
カルマ精算して
浄化された

あれは元々人間だ
ええッ!?
うそお
生前に悪しきことをして亡くなって幽霊になった者の末路だ
……
エクソシストって結局は教会公認の霊能者みたいなものなのかな？
人間は亡くなった後成仏して生前行なった徳で天使のような働きをしている人もいれば
長く成仏できずに地上を彷徨うことで悪魔のような存在にもなると言われました
人間とはいったいなんなんだろう
そんなふうに感じた出来事でした

誰にでもある前世と今世のカルマ

イタリアの神父の前世を前世療法で見た数年後
平野さんにまた前世療法をしていただいたことがあります
ありがとうございました
その時受けようと思った催眠療法は
病気の原因や不調がどこにあるのか どんな意味を持っているのか 人生の目的にどのように関わっているのか
などを明らかにしていく…といったものでした
セッションを受けようと思った元々のキッカケは
念を受けたり幽霊さんが来たりすることで
?
体調だけではなくなぜか持病も調子が悪くなるのが気になったからです
しかし祓うと元の数値に戻ります
何か視えない世界での問題もあるのかな？
スッキリ
しかしセッションをしてもらったらなぜか持病とは関係ない喉の部分のカルマが出てきました
持病は前世ではなく遺伝や生活が原因かもしれないいい…！
その部分を癒した後最後に「受胎前契約の確認に行く」という作業がありました

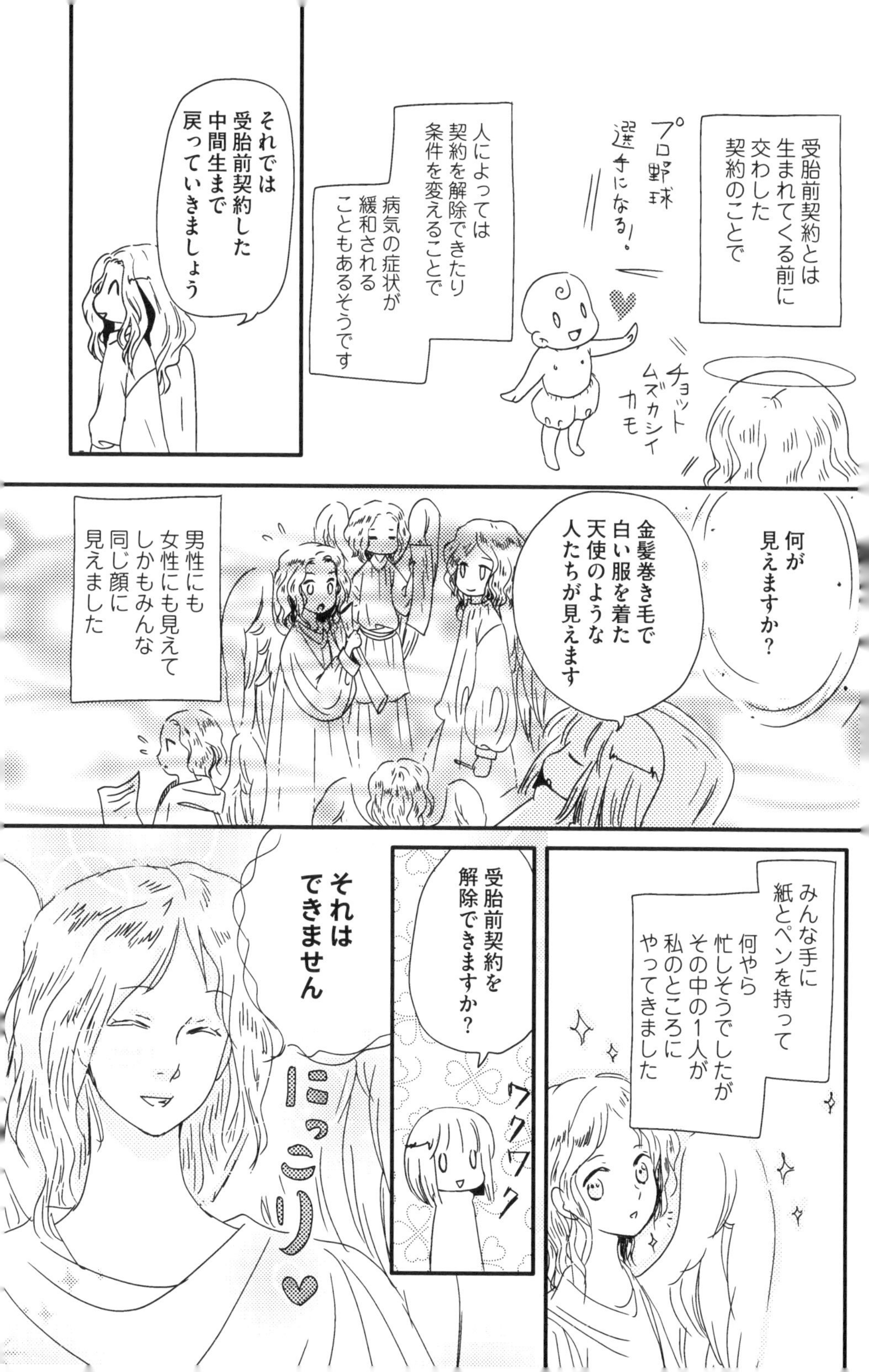

受胎前契約とは
生まれてくる前に
交わした
契約のことで
プロ野球
選手になる!
チョット
ムズカシイ
カモ
人によっては
契約を解除できたり
条件を変えることで
病気の症状が
緩和される
こともあるそうです
それでは
受胎前契約した
中間生まで
戻っていきましょう
何が
見えますか?
金髪巻き毛で
白い服を着た
天使のような
人たちが見えます
男性にも
女性にも見えて
しかもみんな
同じ顔に
見えました
みんな手に
紙とペンを持って
何やら
忙しそうでしたが
その中の1人が
私のところに
やってきました
受胎前契約を
解除できますか?
ワクワク
それは
できません
にっこり

綺麗な顔して鬼か!!
やっぱダメか
じゃあ条件変更は…
ダメです
なぜ解除できないんでしょうか?
何か目的があるのでしょうか?
あなたが今世病気を体験することでその経験を書くことができるからです
西洋医学を学んだ後に経験することでわかることもあるのです
……
わかりました

ナイチンゲールも病気で倒れてからの
50年間は本を執筆するなど
ベッド上で活動していました

生まれてくる前に
何を約束して
きたのかは
思い出せません

でも催眠下で
聞いた話が
本当なら

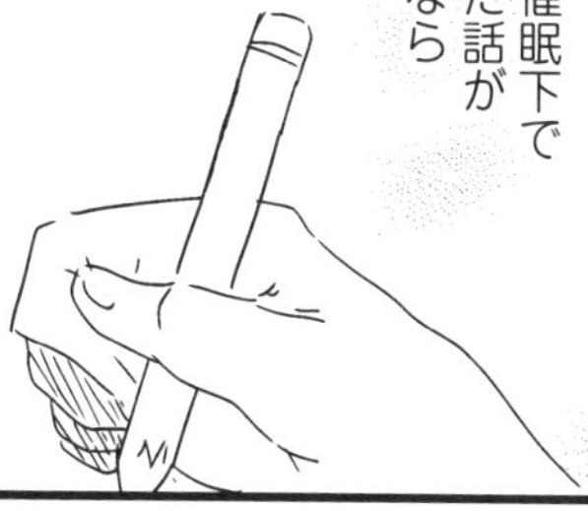

霊能者だけ
じゃなく

こうやって
漫画にすることも
含まれていたんだと
感じました

また鑑定には病気で
悩んでいる方も
時々来られるので

やはり
看護師の免許を
取るという道も

決して
回り道ではなく
私には必要な道だった
のではないかと

今では
そう感じて
います

また私の場合
沖縄戦で亡くなった
ひめゆり学徒隊の
前世があります

ひめゆりの学生たちは
正規看護師の補助要員
だったので十分な知識が
あったわけではありません

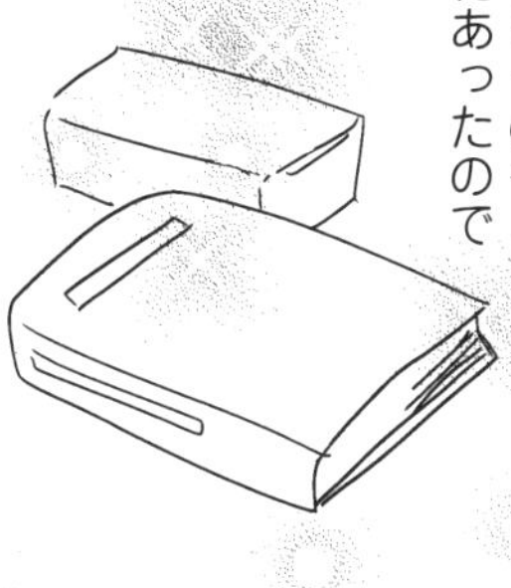

もっと医療の勉強が
したかったというのも
前世の後悔にあったので

私が看護師を
目指した無意識のところでは
ひめゆりの少女の
影響も強かったと思います

こうやって前世のことを漫画にしていますが
前世というのは特別なものではなくどんな人でも何度も生まれ変わっています
私は人より転生が多いみたい
私の場合は今世で「すべての大きなカルマを解消する」という目的を持って生まれてきているようで
普通の人より視えたり思い出しやすいというところはあるようです
しかしどんな人も普段の生活で前世の影響を受けています
前世で因縁があった相手は
何かをされたわけでもないのに無条件で嫌いという感情が出てきたり
好みではない異性がなぜか気になったり
理由はわからないけど刃物が怖いという恐怖感があったりします
それは幼少期の記憶が原因であったり
前世で経験したことが原因であったりします
?

私は子供の頃から
わけがわからないけど
生きづらさを
感じていましたし
結婚なんて
絶対したくないと
思っていました
集団の前で
何かを発表するような
場面がとても怖かったです
その原因が
裏切りにあって
密告され
裁判で裁かれ
死ぬような目に
あった結果
集団の人の
目が怖かった
ということに
繋がっていました
あがり症
なのかなって
思ってたよね
また婚約を
破棄され
自殺した結果
結婚に対する嫌悪や
過去の傷から
「結婚」を遠ざけたり
時には執着に
変わったり
していました
結婚したくないというのは
裏を返せば「したい」という
執着のあらわれです
何かは
わからないけど
現在抱えている
問題の中には
そうやって
生まれる前に
作ってしまった
心の傷が
原因だということも
あるかもしれませんね

Nene's Spiritual Life

空と大地にまつわる不思議なお話

神さまの浄化とお天気について

よく自分は晴れ女 雨男なんて 表現をすると 思います
私は 自他ともに認める 晴れ女です
暑がり だけど…
最近では とうとう親が…
あんたを旅行に 連れて行くと 必ず晴れるから 重宝するわ〜
そお?…
なんてことを 言い始め ました(笑)
長時間かかる登山の間に 必ず雨が降るといわれる 屋久島縄文杉登山に 2回行きましたが 旅行中一度も雨は降らず
あっ
京都旅行の帰りに 地元に台風直撃の予報 だったにも関わらず
直前に 温帯低気圧に変わって 帰ってみたら 晴れていた…
台風は?!
なんてことも あります
あなたの周りにも きっとそういう人が いると思います

なぜかこういう話題は昔からあります
ボク晴男!!
私雨女ー!
そういう方は水神さまや天照さまに仕えていた前世があります
天気を強力に左右させる人は気象に関わる神さまとご縁があるからです
雨乞いや豊作を願う神事というものは大昔から存在しました
神職の力量にも寄りますが実際に天に祈りが届いた結果
一定の成果として日照りの後に雨が降ったりしていました
私の前世にしょっちゅう氾濫する川のそばで神職をしていた前世があります
水難避けのお札を近隣の方に配っていたようですが
どうぞ
ありがとう
これがけっこう効くと評判になっていろんな人に配ったことがあります
私も欲しいですよ
私も
私も

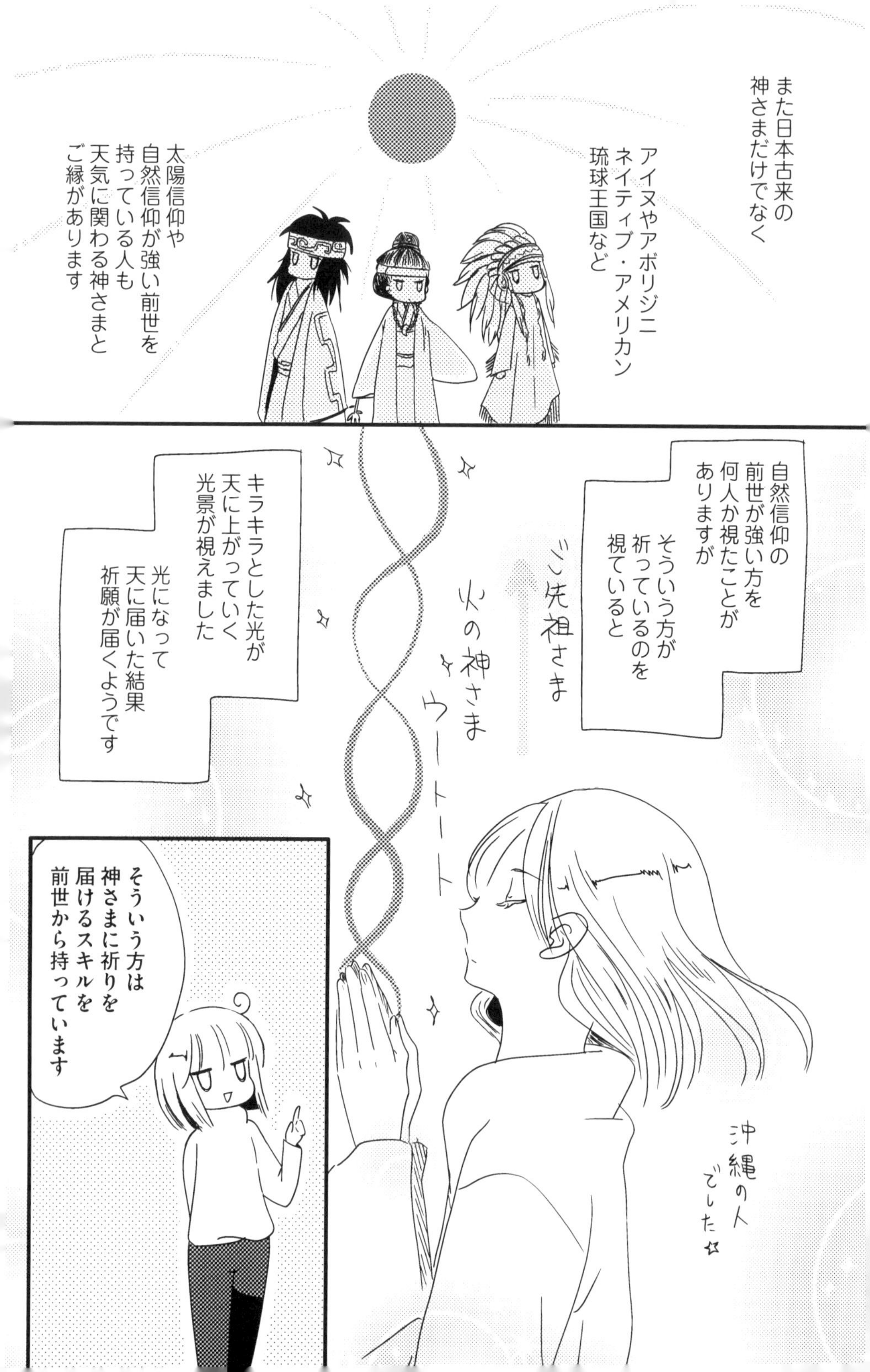
また日本古来の神さまだけでなく
アイヌやアボリジニ ネイティブ・アメリカン 琉球王国など
太陽信仰や自然信仰が強い前世を持っている人も天気に関わる神さまとご縁があります
自然信仰の前世が強い方を何人か視たことがありますが
そういう方が祈っているのを視ていると
ご先祖さま
火の神さま
ウートートー
キラキラとした光が天に上がっていく光景が視えました
光になって天に届いた結果祈願が届くようです
沖縄の人でした☆
そういう方は神さまに祈りを届けるスキルを前世から持っています

また昔の人は
地球のエネルギーが
吹き出している場所を
知っていたと思います
あとで
首里城の話が
出てきますが
日本全国にある
エネルギーの
吹き出し口に
昔の人は
神社や奥の院
祭祀の場を
作っていると
思います
奥宮
山
神
下の宮
そういう
強いパワーが
通っている場所から
祈ることで
今から
雨降らせまーす
奥宮
わーい
雨乞いや
豊作といった
気象に関わる
祈願が通りやすい
ということも
知っていました
何度か空海さんが
開いたという聖地を
訪ねたことが
あるのですが
大体
山登り
空海さんって
やっぱり
視えてる人
だったんだな
すごい
場所！
だって
視えてないと
ここに寺作ろう
なんて思わない
もんね…
と、
感じました

また
いろんな神社さんを
見てきた経験から
いわゆる氏神さまは
土地の神さまで
自身の管轄する
土地を護ったり
浄化したり
していると
感じました
今でも地鎮祭や
井戸の浄化など
土地や住んでいる
場所に関する神事が
残っているというのも
昔の人が土地を
清めるのに
土地の神さまを
頼っていた名残では
ないでしょうか
私は神社の神さまは
土地を護って
くれている神さまだと
思っているので
滅多に個人的な
お願いは言いません

現代の人は神社仏閣をただのパワースポットだと勘違いして
キャッ
キャッ
奥の院と聞くだけで勝手にパワーのあるすごいところだと思って目指します
それがそもそもの勘違いだと思います
それが下界にある社殿のある神社ならまだしも
奥の院と呼ばれるパワーのある場所で祈りではなく邪な祈願をした場合どうなるか
自然のエネルギーがねじ曲がった時どれだけ怖いことになるのかを描いていきますので
迷いましたがあえて描くことにしました…
知ってもらえると嬉しいです

幽霊だらけのペンション

看護学生の時のこと GW休みに 家族旅行で 九州のほうへ 行きました
直前に決めたので 有名なところは 宿が取れず
やっと予約が 取れたのが 山の麓にある 寂れた ペンションでした
日中観光を 楽しんで夕方 ペンションに到着した 水鳥家一家 だったのですが…
つかれたね〜
これは… いるッ!!
いっぱい…
と、全員が 感じるくらいの 幽霊だらけの ペンションでした
しかし そうはいっても 他に泊まれる ところはないので 我慢して 泊まるしか ありませんでした
ひえ〜〜
※みんな同じことを 思いつつ 口に出さない

さすがに気になって私は中々寝付けませんでした
気持ち悪い…
しかし周りは意外とみんな寝ていました
この状況で眠れるなんて羨ましいわ
朝方さすがにうとうとしていたら
明晰夢を見ました
夜の暗い中ペンションがある山を見上げていると
山から無数の子供や老人が
パァ
天に上がっていく光景を見ている…という夢でした

何これ？
天に上がっていくうちの1人が天女の羽衣をまとっていました
あれは神さまだ！
後光が視えて羽衣をまとっているので神さまだとは思うのですが
ん!?
ありがとう
なぜかお婆さんの姿でした
そしてなぜかお礼を言われました
また何かさせられた?!

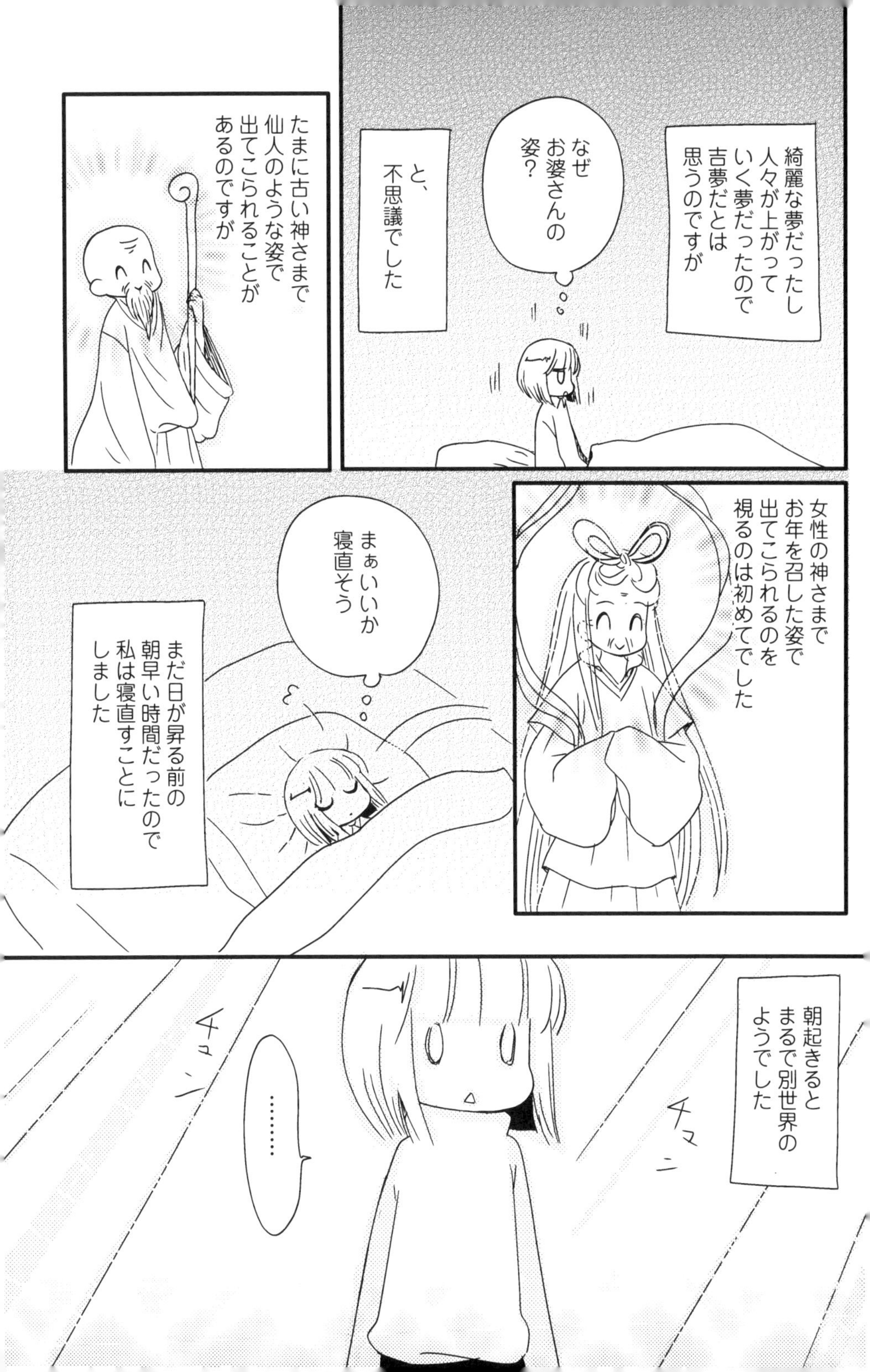
綺麗な夢だったし人々が上がっていく夢だったので吉夢だとは思うのですが
なぜお婆さんの姿？
と、不思議でした
たまに古い神さまで仙人のような姿で出てこられることがあるのですが
女性の神さまでお年を召した姿で出てこられるのを視るのは初めてでした
まぁいいか寝直そう
まだ日が昇る前の朝早い時間だったので私は寝直すことにしました
朝起きるとまるで別世界のようでした
チュン
チュン
………

見事に幽霊いなくなってるな～
同じ建物とは思えないくらい綺麗になってる
外も綺麗になってました
やっぱり昨日は浄化する様子を視ていたんだね
おかげで寝不足だけど…
感動していたら母が妙なことを言い出しました
昨日すごく変な夢を見たよ
どんなの？
いっぱい小さい子がいて
私の手を引くんだよ
きて
一緒に来てって

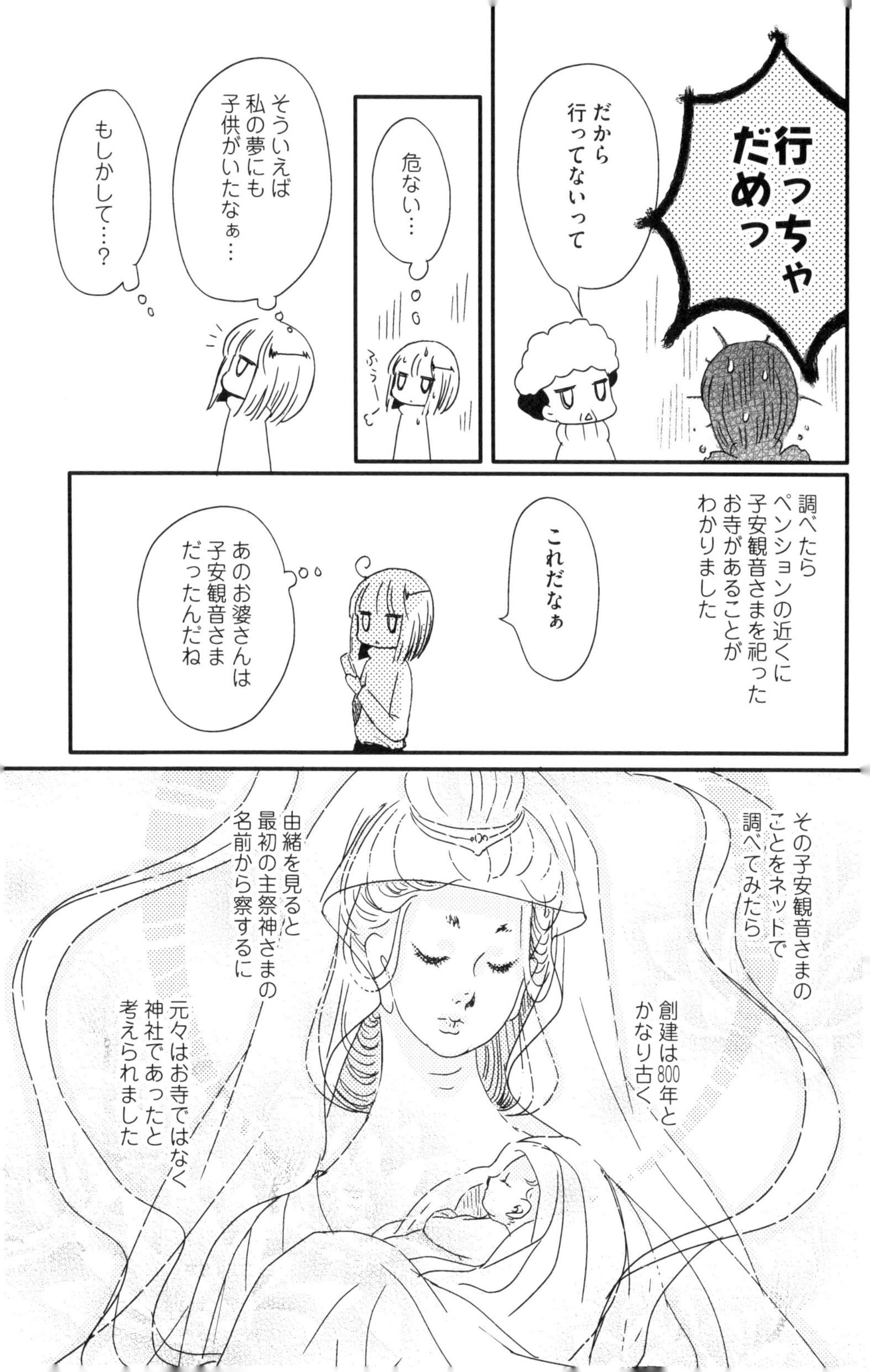

行っちゃだめっ
だから行ってないって
危ない…
ふぅ〜
そういえば私の夢にも子供がいたなぁ…
もしかして…?
調べたらペンションの近くに子安観音さまを祀ったお寺があることがわかりました
これだなぁ
あのお婆さんは子安観音さまだったんだね
その子安観音さまのことをネットで調べてみたら
創建は800年とかなり古く
由緒を見ると最初の主祭神さまの名前から察するに
元々はお寺ではなく神社であったと考えられました

朝食まで
時間があるので
子安観音さまが
いらっしゃるお寺まで
行ってみる
ことにしました
あぁ
綺麗なとこだな
ある理由を
疑って
いましたが
……
うしろのひとの
話を聞いていると
確信に変わりました
やっぱり
このあたりは昔
口減らしが
あったんだ
それで
成仏していく
人たちの年齢が
子供かお年寄りしか
いなかったんだ

元々は神社だったのに
いつの時代からか口減らしで亡くなった人を供養する目的で観音さまを祀るようになったんじゃないかなぁ
皮肉なことに現在のご利益は子宝でした
由緒
それで母が引っ張られそうになったんだ
私の母は定年でリタイアしましたが実は産婦人科で働いていました
働いている間にお産を通して多くの赤ちゃんと接する機会がありました
母は子供を世話する魂を持った人だからこうやって引っ張られてしまうのだと思います

実は以前産婆さんが神さまとして祀られている神社にもご縁があって母を連れて行ったことがあります
大変な出産によく立ち会うので安産祈願のお守りを買って帰っていました
これで安心♥
実はそのペンションがある山は神山です
宿がここしか取れなかったのって神職経験者を呼びたかったからなんだろうなぁ～
そもそも何で旅行先をここにしたんだっけ？
神さまがお婆さんに視えていたのも土地が不幸な出来事で穢れ
頼ってくる魂が多すぎて力が弱っていたのかもしれません
一見するとただの観光地に見えるのですが
大昔には悲しい歴史がたくさんあった場所のようでした
心よりご冥福をお祈りいたします

神社ツアー

「神社ツアー」という表現が正しいのかはわかりませんがお金を受け取ってパワースポットや神社さんを案内するスピリチュアルな方たちがいます
私は基本一人で行きますけど
自分には関係ないし最初は特に気にしてはいなかったのですが
神社の神さまによってはその行為を怒っていることがあり
何度かその場面を目撃しました
最初は怒っている理由がなんなのかわかりませんでした
この本を最後まで読むことで理解がしやすいように描いたつもりです
神社や神さまがどんな存在なのか
知ってもらえると嬉しいです

以前中国地方のとある神社に案内してもらったことがありました
どうも～
よろしくお願いしますよ
地元の知人が車を出してくれるということで行ってみました
山奥にあるその神社は実は前世でご縁があった神社さんですが全国的にはそこまで有名ではありません
→
＊難避けのお札を配った前世
でも案内してくれた本間さんから
スピリチュアル好きな人からはパワースポットで有名になっていますよ
特に奥の院は有名みたいです
と教えてもらいました
本殿で参拝した後すぐ近くにある奥の院に行った時…
…………
木に抱きつく人
何か長時間祈り(?)を捧げている人

なんか気持ち悪い…
木が悲鳴をあげているのがわかりました
不快に感じている木の気持ちをリアルに体感してしまったようでした
これが視えたなら木に抱きつきたいなんて思わないだろうに…
こんなに細い木からもエネルギー吸いたいものかな
黙って見ていたら年配の女性の二人組は
交互に木に抱きついていました
地獄だ…
5分くらいしてやっと私たちに気づいたようで
お待たせして
すみません
バツが悪そうに帰っていきました
スピリチュアル好きな人から人気というのは本当みたいだなぁ
そう思いながら拝んでいると
龍神のような神さまが出てこられました

なぜ最近は
おかしな人間が
こんなにも
増えてきたのか!!
めっちゃ
怒ってるー!!
その
おかしな人間
とやらに
直接言ってくれ…
私は
関係ない。。。
ワシは静かな
場所に鎮まりたい
次に行く神社に
連れて行ってくれ
実はこの神社に来る前
本間さんも私も
気になる神社さんがあり
この次に行こうと
話していました
次に行く
神社は…
磐座《いわくら》があるし
たぶんそこだろうな
もしかして
今回の旅行って
この神社の神さまが
お引越ししたくて
前世でこの神社の
神職一族だった私を
呼び出したって
こと!?

まさかの神さまタクシー…
しかし次の神社に行ってみると…
参道…
暗ッ
そうか…ここは現在神さま不在の神社なんだ
昔は知らんけど…
大きな磐座があるものの社務所もない山奥の寂れた神社さんでした
拝んで先ほどの神さまを再び降ろしました
神さまがこれからもご神威を発揮できますよう祈念いたします
ご苦労
行きは暗かった道を神さまが照らしてくれて
わー
明るい
返礼じゃ
キラキラしててとても美しかったです
これで一件落着と思っていたその少し後
また似たようなことがありました

ある日
神社リトリート※
募集の記事を
見かけました
いつもだったら
無視する記事に
なぜかアンテナが
立ちました
あぁ…
この神社さんに
私が引っ張られてる
のか…
○月○日
○○神社
AM10:00
鳥居前集合
神さまが怒っている
リトリートや
ツアーって
どんなことを
やってるのか
一回見てみようかな
うむ
どうせその神社に
行くならと
申し込んで
みることにしました
当日行ってみたら
とてもパワーあふれる
素晴らしい
神社さんでした
すごい!
神さまレベルの
御神木が
こんなに多い
神社さんを
初めて見たよ
神社リトリートは
主催者の人が
それぞれ拝んだ
神社の拝殿で
どんなものを
受け取ったとか
何を言われたとか
伝えてくれるような
ものでした
必ず横に
来て伝えてくれる
主
次

※日常の生活を離れて内省する機会、修養会。

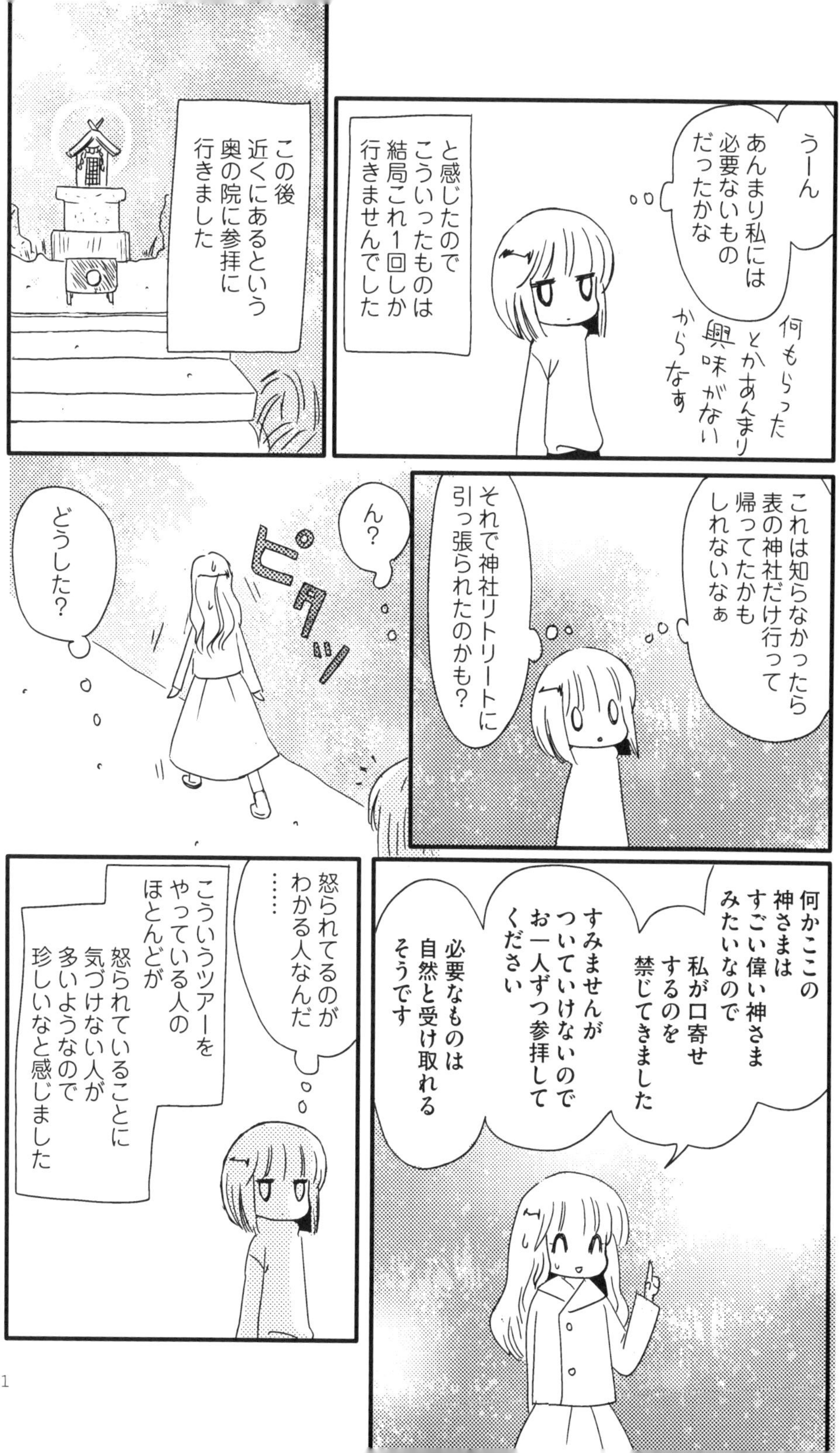

うーん
あんまり私には必要ないものだったかな
何もらったとかあんまり興味がないからなぁ
と感じたのでこういったものは結局これ1回しか行きませんでした
この後近くにあるという奥の院に参拝に行きました
これは知らなかったら表の神社だけ行って帰ってたかもしれないなぁ
それで神社リトリートに引っ張られたのかも?
ん?
ピクッ
どうした?
何かここの神さまはすごい偉い神さまみたいなので
私が口寄せするのを禁じてきました
すみませんがついていけないのでお一人ずつ参拝してください
必要なものは自然と受け取れるそうです
怒られてるのがわかる人なんだ……
こういうツアーをやっている人のほとんどが
怒られていることに気づけない人が多いようなので珍しいなと感じました

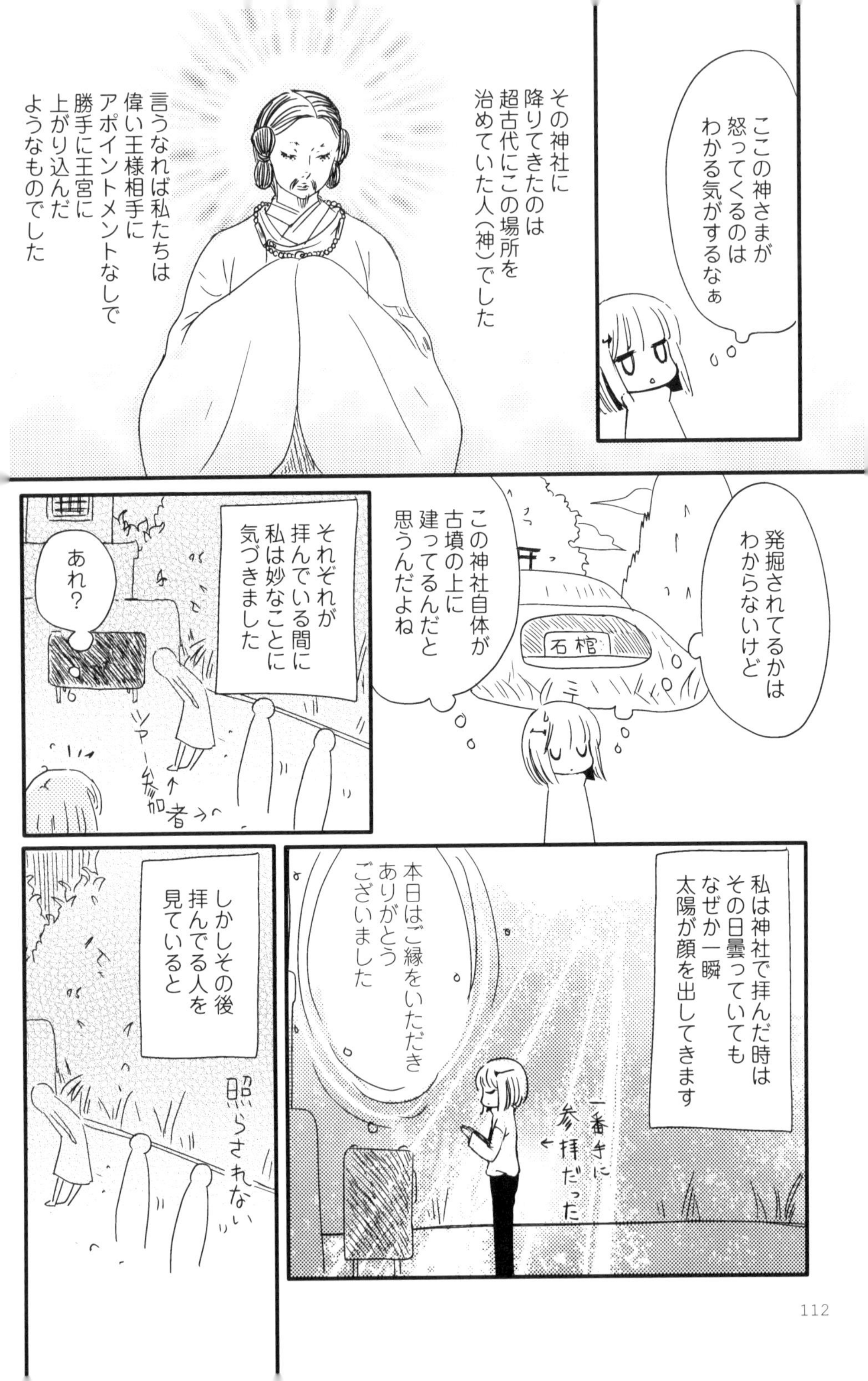
ここの神さまが怒ってくるのはわかる気がするなぁ
その神社に降りてきたのは超古代にこの場所を治めていた人(神)でした
言うなれば私たちは偉い王様相手にアポイントメントなしで勝手に王宮に上がり込んだようなものでした
発掘されてるかはわからないけど
この神社自体が古墳の上に建ってるんだと思うんだよね
石棺
それぞれが拝んでいる間に私は妙なことに気づきました
あれ?
ツアー参加者
私は神社で拝んだ時はその日曇っていてもなぜか一瞬太陽が顔を出してきます
本日はご縁をいただきありがとうございました
一番手に参拝だった
しかしその後拝んでる人を見ていると
照らされない

あれ？
晴れない？
木漏れ日は？！
と気づいた時
間髪入れずに
お主が拝んだ時に
晴れるのが
偶然だと思うな
と、
神さまが
言ってきました
私は神社参拝の時
大体いつも
1人で来ます
そして晴れるのが
当たり前だったので
みんなそうだと
思っていました
お主の普通が
全員の普通だと
思うな
そんなこと
言われても…
なぜかこの神さまが
私に伝えてきたのは
「お前の常識は
世界の非常識」
でした
大人数で来た時
だからこそ
わかることなのかも
それで今回
リトリートの記事で
私を引っ張ってきたの？
お主は神社で
太陽を拝んでいる
えっ？

その神さまは
私たちが
参拝し終わって
帰ろうとしたら
ご苦労だった
龍神の姿に変化《へんげ》し
空高く
登って行った
のでした
なんや
ようわからんけど
とっても偉い神さま
というのは
よくわかった
神社ツアーとは
なんぞや？　が
わかったものの
「太陽を拝んでいる」
という
また一つの謎を
残して神さまは
去って行ったのでした

神上がりしている古代の神さま

神さまのお引越しのお手伝いをした次の日
私のリクエストで本間さんと古墳に行くことになりました
待ち合わせの直前駅でその古墳のポスターを見た時アンテナが立ちました
ホテルから駅に向かう途中に貼ってあったポスター
すごい！
この古墳の主は神さまになってる！
帰って調べてみたら県内でも最大級の古墳で
とても偉い人が眠っていると考えられているようでした
古墳に行く前にお手洗いを借りるために本間さんのご実家に寄りました
スイマセン…
どうぞ〜♪
これは…

幽霊だらけだ…
なぜ？
とは言えず
…というかこの家だけじゃなくてこのあたりはみんな多いけど何かがあった場所なのかな？
うおお
カタ
カタ
実は実家に泊まると夜寝れないから昼間母の顔を見に行くようにしてるんです
そうだろうね
とは言えず
行ってみたら古墳は大きくて全景は見えませんでした
お堀は残ってた
磁場が強いのか古墳に生えてる木々も曲がっていたり不思議な形をしていました
古墳の前になぜか小さな神社があったので参拝させていただきました

大王さま水鳥ねねと申します
この度はご縁をいただきありがとうございました
この日晴れ女の私にしては珍しく小雨が降っていました
シト
シト
最初は磐座《いわくら》のある場所へ行く予定でしたが
雨が降って足場が良くないからと中止になりました
NG
もしかしてこの古墳に来るために今回旅行に来たのかも

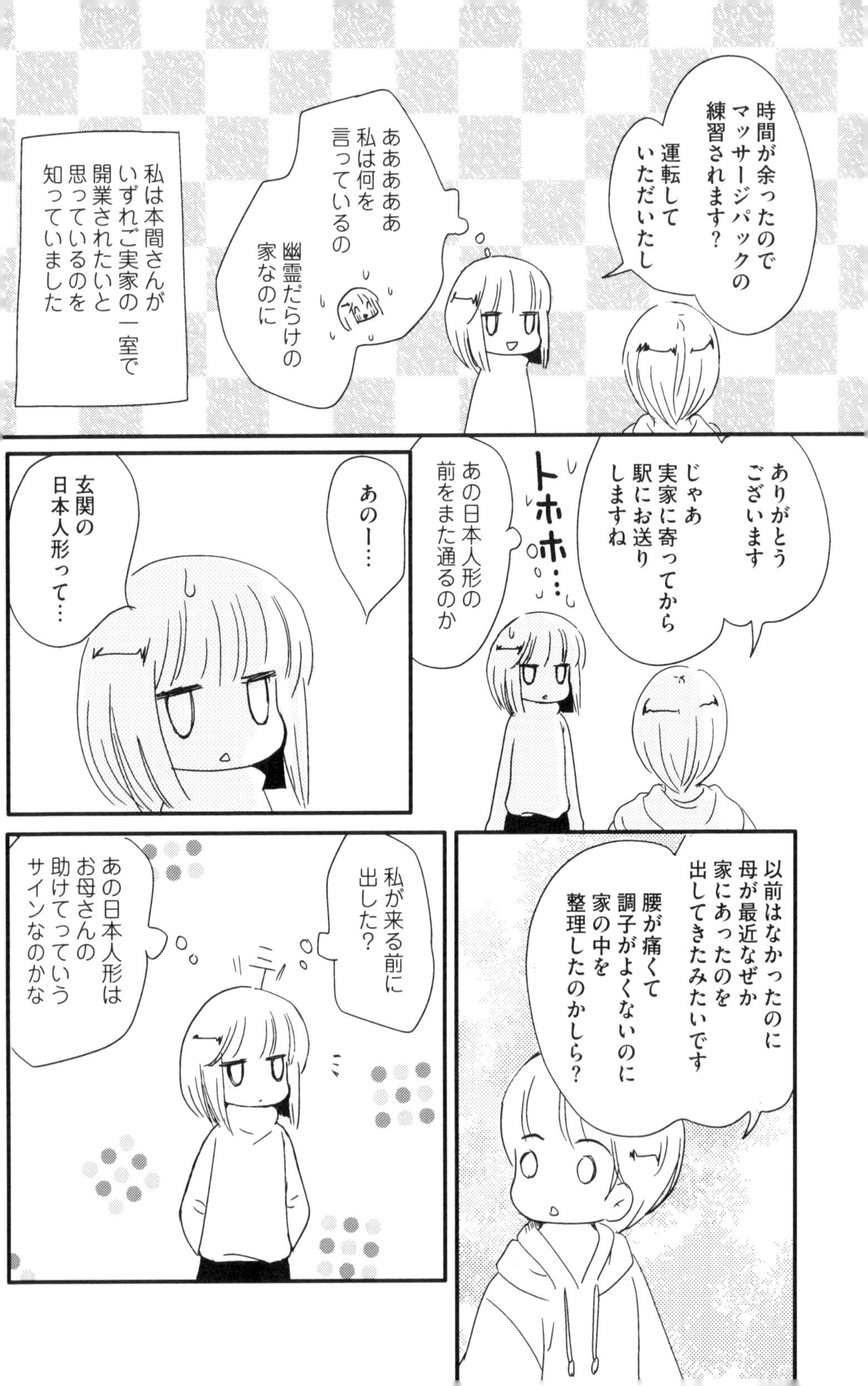
時間が余ったので
マッサージパックの
練習されます?
運転して
いただいたし
ああああああ
私は何を
言っているの
幽霊だらけの
家なのに
私は本間さんが
いずれご実家の一室で
開業されたいと
思っているのを
知っていました
ありがとう
ございます
じゃあ
実家に寄ってから
駅にお送り
しますね
トホホ…
あの日本人形の
前をまた通るのか
あのー…
玄関の
日本人形って…
以前はなかったのに
母が最近なぜか
家にあったのを
出してきたみたいです
腰が痛くて
調子がよくないのに
家の中を
整理したのかしら?
私が来る前に
出した?
あの日本人形は
お母さんの
助けてっていう
サインなのかな

お邪魔します〜
本間さんの実家の2階でマッサージパックをしてもらいました
寒い…
でもこれは気温とはまた違う寒さだ…
布団をかけてもらってはいたものの
土地の陰の気や幽霊さんのエネルギーで寒くて仕方がなかったです
じゃあこのままで20分くらい置きますね〜
何も見えない。
と1人にされてしまいました
パックの上からタオルをかけられて視界も塞がれていたせいか
うとうと
半覚醒状態のようになりました

フッ
ハイ 終わりました～
お疲れさまでした～！
えっ？
20分も経った？
？
麻酔のせいで手術が一瞬で終わった時のような錯覚に似ていました
パックをとって部屋を見た時 まるで全然別の部屋に見えました
うわぁ
家に入る直前まで小雨が降っていたのに晴れて陽が差していました
すごい綺麗になってる！
幽霊がいなくなってる！

本間さん！部屋が変わってるのわかる!? 太陽も出たし！
ほんとだ晴れてますね～！
まぁいいか
あれ？ そういえばついてきた古墳の人もいなくなってる…
全然違う人形になってる
あとでうしろの人から
古墳の主がその土地を綺麗にしてくれた
と教えてもらいました
おそらく本間さんの実家がある周囲は
その古墳の主が古代に治めていた土地だと思われます
まさに氏神土地の神さまなんですね！

しかし…
あれ？胃が…
預りもの
ズキ
ズキ
綺麗にはなったものの土地の未浄化のものを神社に持って行くのは
生きている人の役目のようでした
駅行く前に○○神社へ寄りたいです…
？
預りもの
それで最後は古墳の主が祀られている神社さんへ寄って預けて帰りました
今回の件で改めて神社の神さまになっているような古代の人は
神上がりしてものすごいパワーを持っている
ということを再確認しました
古墳が建っている場所もエネルギーの通り道になっているところが多いので
パワースポットに建ってるなと思うことが多いです
古代の人は実際視えていたりわかっていて建てていると私は思っています

私の上司は…太陽神

高天原だと言われている場所は日本国内にいくつかあります
何年か前に天孫降臨伝説が残る神社さんに引っ張られたことがありました
山の上にある神社さんですが車でなんとか近くまで行けます
神社内には磐座だと思われる巨石群が点在しており天照大御神の名前がつけられていました
その頃はまだ看護師として病棟勤務にあたっていました
一日休みの次の日は夜勤の入りだったたので遠方だったこともあり行くかどうか迷っていました
勤務表
次の日夜勤か～
遠出はしんどいかなぁ…
明日の天気は～
ん？
明日の天気予報雨じゃん！
雨でーす♪
車で山の中の細い道通るだろうし危ないかなぁ
朝起きて大雨だったら中止にしよう
そんなことを思いながら寝たら変な夢を見てしまいました

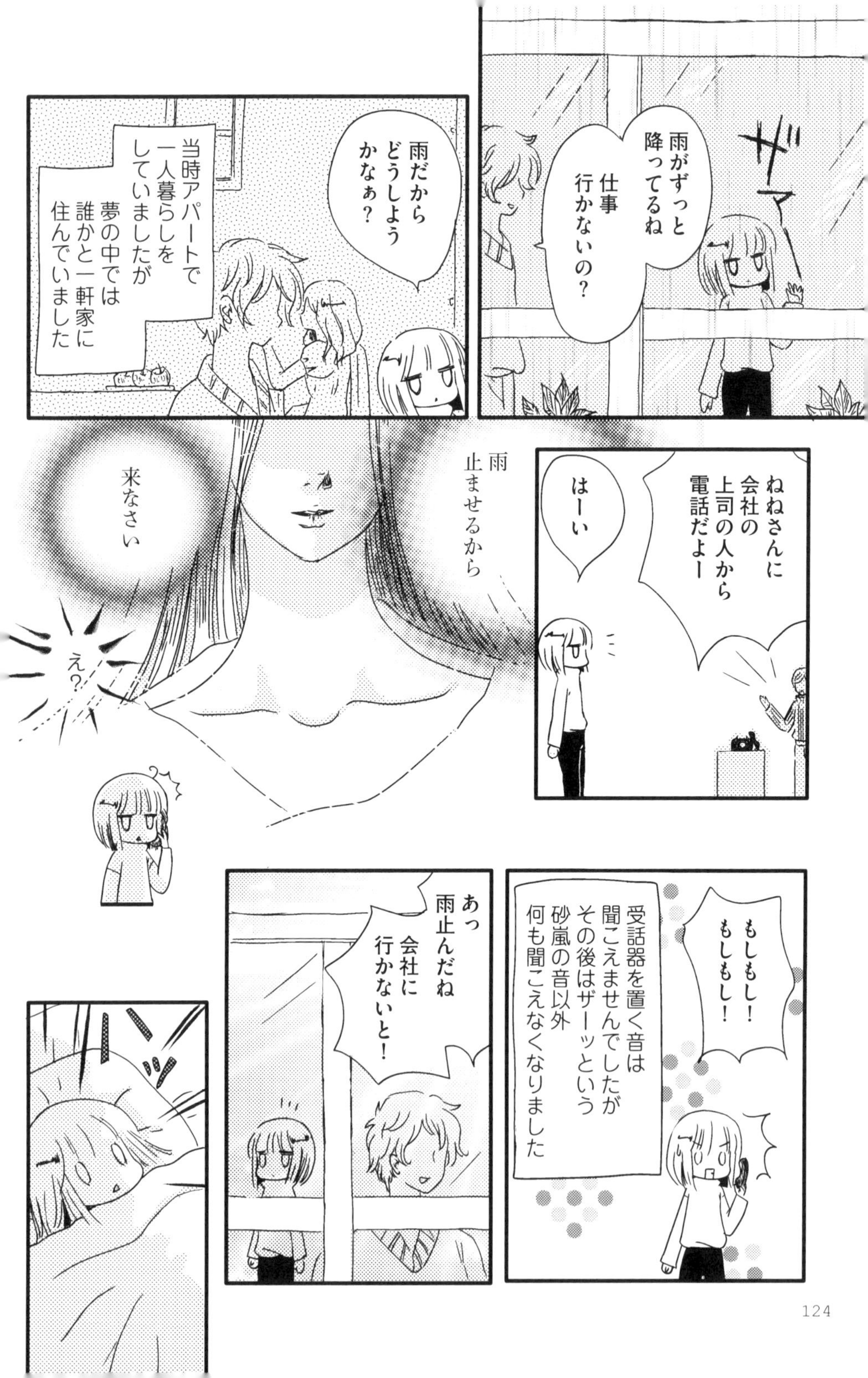
ザァー
雨がずっと降ってるね
仕事行かないの？
雨だからどうしようかなぁ？
当時アパートで一人暮らしをしていましたが夢の中では誰かと一軒家に住んでいました
ねねさんに会社の上司の人から電話だよー
はーい
雨止ませるから
来なさい
え？
もしもし！もしもし！
受話器を置く音は聞こえませんでしたがその後はザーッという砂嵐の音以外何も聞こえなくなりました
あっ雨止んだね
会社に行かないと！

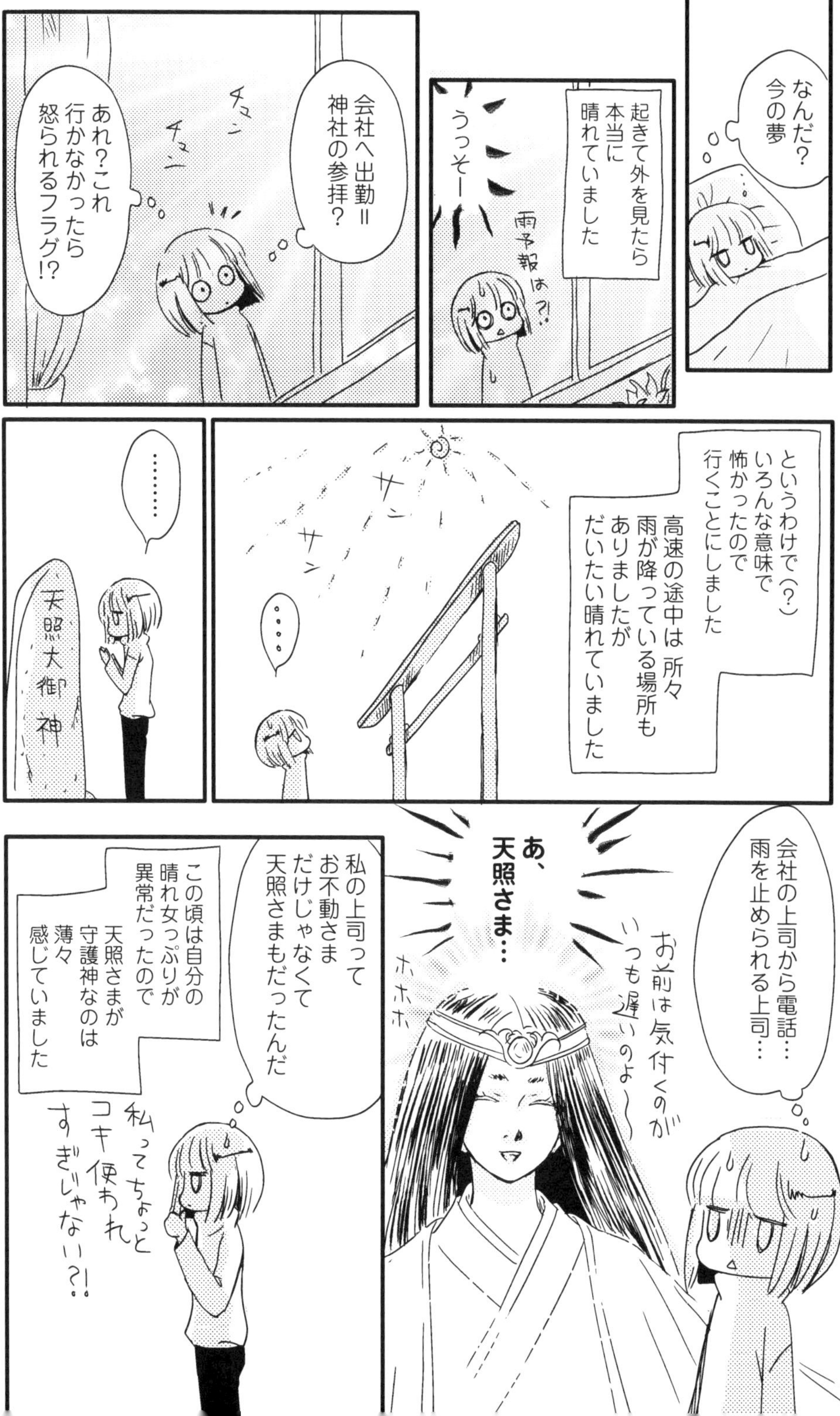
なんだ? 今の夢
・・・
起きて外を見たら本当に晴れていました
うっそー
雨予報は?!
会社へ出勤＝神社の参拝?
チュン チュン
あれ?これ行かなかったら怒られるフラグ!?
というわけで(?)いろんな意味で怖かったので行くことにしました
高速の途中は所々雨が降っている場所もありましたがだいたい晴れていました
サン サン
・・・・
・・・・・・・・
天照大御神
会社の上司から電話・・・雨を止められる上司・・・
あ、天照さま・・・
お前は気付くのがいつも遅いのよ～
ホホホ
私の上司ってお不動さまだけじゃなくて天照さまもだったんだ
この頃は自分の晴れ女っぷりが異常だったので天照さまが守護神なのは薄々感じていました
私ってちょっとコキ使われすぎじゃない?!

他の方の鑑定では天照さまのことはほとんど言われたことがなかったので
なんでだろうとは思っていたのですが
自分で気づけってことなんだよねぇ
神様はけっこうシビア
今思うと…
初めて伊勢神宮に行った時受付嬢の生き霊と縁を切って助けてくれたのは
天照さまが守護神さまだったからなんだよね
生霊
それに兄弟の中で私だけ母の実家近くの産院で生まれているのですが
その産院を囲むように大神宮出雲系神社教会がありどれも産土さまといえると感じました
天照様
大神宮
お寺
マリア様
教会
バブー
産院
出雲系神社
スサノオ様
全部産土様?!
つまり伊勢、出雲、キリスト教が私と縁が強い神さまといえます
そういえば以前有名な方に鑑定してもらった時
あっヒミコみたいな人が出てきたよ
前世を絵にしてくれる
ヒミコみたいな人?
ヒミコがいた時代日本にたくさん小国があったでしょ?
国を治めてた巫女さんが出てきたんだよ前世の1人だね
巫女さんが王様なんですか
霊感の強い少女たちを競わせて国のトップに置いたみたい

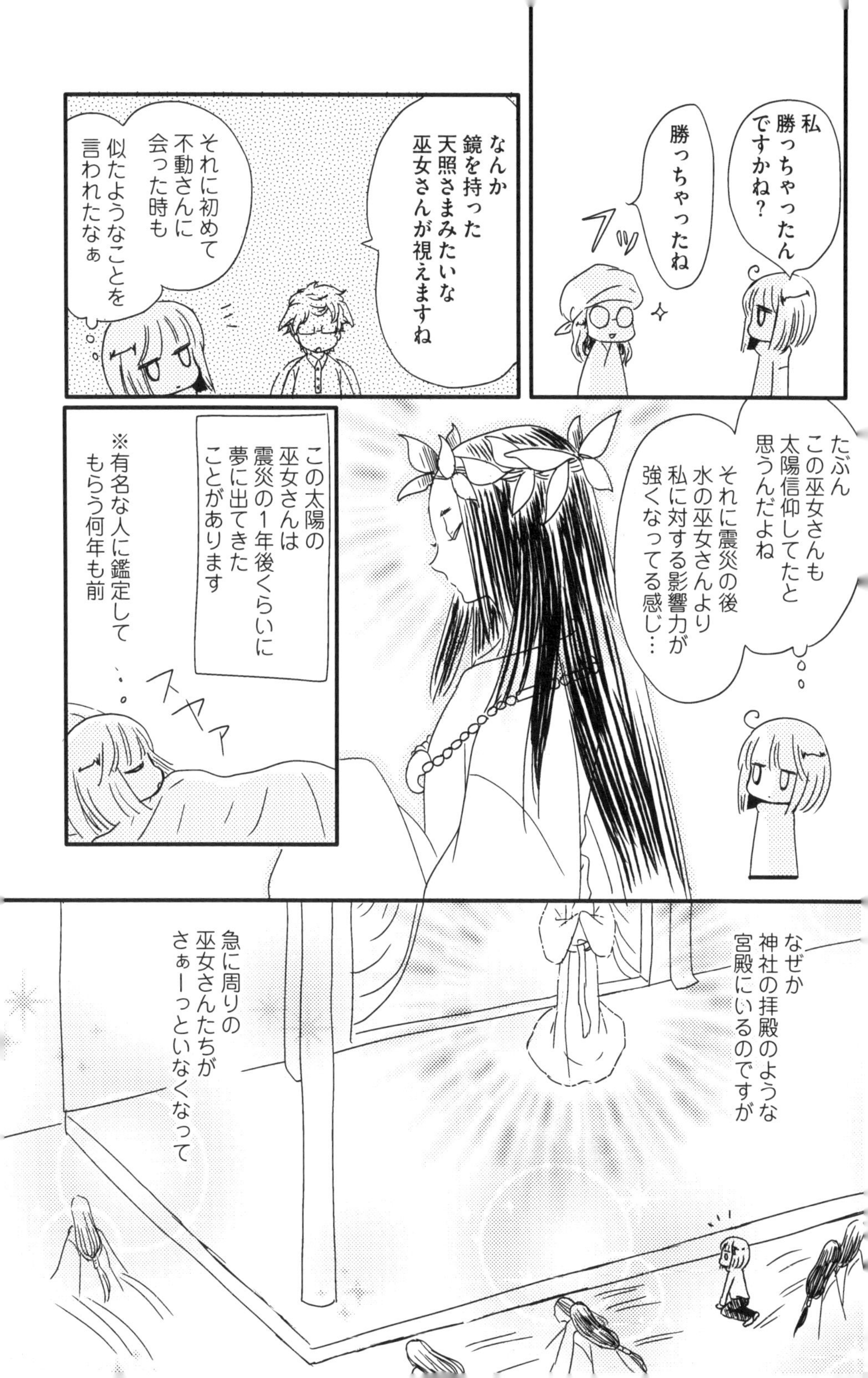
私 勝っちゃったんですかね？
勝っちゃったね
フッ
なんか鏡を持った天照さまみたいな巫女さんが視えますね
それに初めて不動さんに会った時も似たようなことを言われたなぁ
たぶんこの巫女さんも太陽信仰してたと思うんだよね
それに震災の後水の巫女さんより私に対する影響力が強くなってる感じ…
この太陽の巫女さんは震災の1年後くらいに夢に出てきたことがあります
※有名な人に鑑定してもらう何年も前
スヤァ
なぜか神社の拝殿のような宮殿にいるのですが
急に周りの巫女さんたちがさぁーっといなくなって

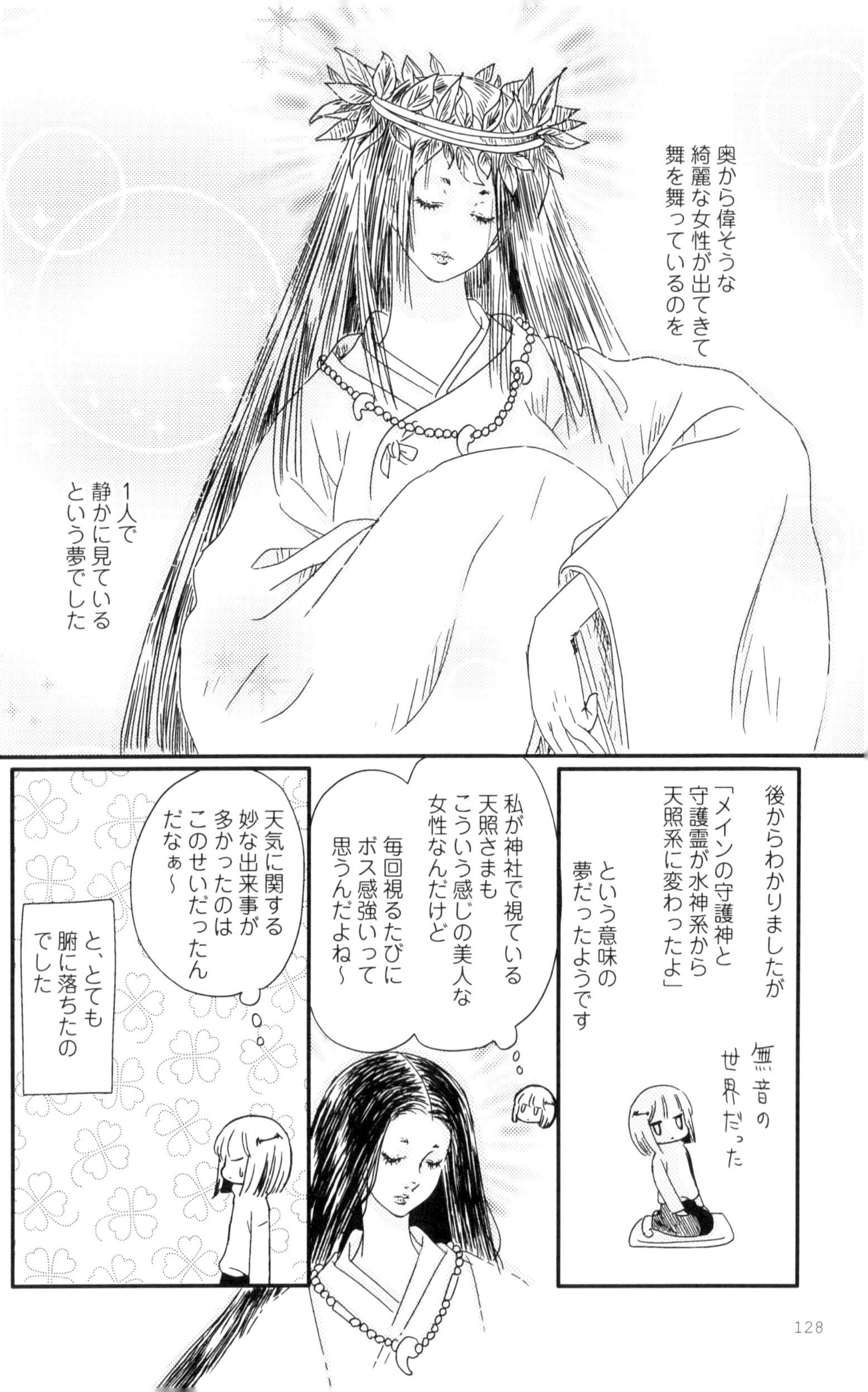
奥から偉そうな
綺麗な女性が出てきて
舞を舞っているのを
1人で
静かに見ている
という夢でした
後からわかりましたが
「メインの守護神と
守護霊が水神系から
天照系に変わったよ」
という意味の
夢だったようです
無音の
世界だった
私が神社で視ている
天照さまも
こういう感じの美人な
女性なんだけど
毎回視るたびに
ボス感強いって
思うんだよね〜
天気に関する
妙な出来事が
多かったのは
このせいだったん
だなぁ〜
と、とても
腑に落ちたの
でした

天気を操作できる龍神たち

私は時々
山の上にある磐座《いわくら》に
引っ張られる
ことがあります
磐座がある聖域は
今のように神社が
できる前から
古代の祭祀が
行われていた場所だと
言われています
元々自然を神として
拝むことから
始まっていると
思いますが
稲作が日本に
伝わってからは
特に天候に関する祈願が
多かったのではないかと
想像できます

以前とある神社の
奥の院に行った時も
そうでした
1000メートルを超える山で
ハイキングというよりは
登山の装備が必要でした
奥宮に行きたいだけで
登山は
好きではない

頂上付近で
休憩した時は
晴れてはいたものの
雲がたくさん
ありました
もぐ
もぐ

しかし そのさらに奥にある 磐座で拝んだ直後
急に 龍が現れて 強風が 吹き始め
休憩場所に再び 戻ってきた時には
おお
さっきまであった 雲がひとつも なくなっていました
山に慣れている 方からすると 「山の天気は 変わりやすいから」 で済ませる のでしょうが
私はこれまで 経験してきたことや 神さまから 言われていることから 「磐座は 天気を操作するための スイッチ」 みたいなものなんだな と感じました
特にその 登山で行った 磐座がある 神社さんは 天から降りてきた 天孫降臨に関する 神さまが祀られている 古い神社さんであり 磐座にいたっては 神社創建前より 信仰されていたと いわれています
天気は「天の気」と 書きます
「天気」を コントロールすることは 古代の人にとって 重要なことでした

東北の神社さんに行った時も天気に関しておかしなことがありました
以前東北のK神社さんに行きましたが
1回目は梅雨の時期で山にある奥の院に行くのは危険ということで断念したことがありました
細い道を車でひたすらあがるので危険
2回目に行く時は奥の院に行ける時期を選んで東北入りしました
わかりにくい場所にあるということもあり地元の不動さんに案内してもらいました
ありがとうございます
天気予報では雨の予報だけどまぁまぁ晴れてますね
そうですねぇ
勝った
晴れ女
雨男
フッ
というわけで(?)天候的にはなんとか大丈夫ということで奥の院に向かいました
転自動車一台が通れるくらいの道…

以前麓のK神社さんを参拝した時は仙人のようなおじいさんが視えました
奥の院では白龍と青龍が視えてきました
実はこの神社さん龍神の伝承があります
本当に龍なんだ…
へぇ
・・・・・
ねねさんの拝み方って変わってますよね
私はこれが普通なんです
以前沖縄のノロの家系だという人と拝みについての話をしたことがあって
その時に自覚がなかったけど沖縄式の拝み方をしていたことが判明しました
左が
右が
へぇ〜
知らんでやってた
でも見た目は二礼二拍手一礼をしているだけなので外からは普通はわかりません
視える人じゃないと気づけないんだよね〜
うーん…
秘

私は琉球の前世の影響が強すぎて神社に行っても
無意識に太陽神を崇める琉球式で拝んでいたのでした
呼んだ？
どのやり方でも「祈り」があるかどうかが大事みたいです
だから拝んだ後太陽が出るのか～
これが以前の神社ツアーで行った神社の神様から言われた
「太陽を拝んでいる」
の解答だと思いました
しかも拝んでる間エヴァンゲリオンみたいな羽も視えましたよ
こんなの
えっ
というある種どうでも良い会話をしながら境内にいたのですが…
ミシッ
ミシッ
電気が点滅して上を何かが歩く音がしました
ピカ
フッ
ピカッ
………
龍神たちがここにいるって主張してきましたね
自分たちをほっといて話をするなと？

そろそろ次に移動しましょうか
そう話して車に戻ろうと外に出ました
屋根を見上げましたがそこにはもう何もいませんでした
いないなあ
あっ フロントガラスが濡れてる！
昨日洗車したばかりなのに～
中にいるちょっとの間小雨が降ったようでした
龍神たちのいたずら？
やっぱりめっちゃ主張激しい…
龍神は雨を降らすものだからしょうがないですね
次はT神社に行きましょうか
次に行く神社さんはとても古くて大きな神社さんでした
T神社に向かっていたら若干曇っていたのがピーカンくらいの晴天に変わってきました
今日ほんとに天気予報雨なんですかねぇ
あっつ～
……

T神社に行く途中 同じ市内に住む 知人からメールが 来ました
その人は私が今 東北に来ていると いうことで メールを送って くれたのですが…
T神社の境内の一画に 有名な人が すごいと言っている 場所があるんですよ!
前回T神社に つれてきて もらった
と、教えて もらいました
知って ますか?
T神社には これまで何度も 行ってるけど そんなの聞いた ことがないです
本殿を参拝後 その場所を 探してみました
ものすごく 大きな神社さんなので 全然わからなくて 諦めて帰ろうとしたら…
近くを歩いていた男性が 私たちに話しかけて きました
何か お困り?
すごく神社が 好きなようで
色々スピリチュアルな うんちくを 語り出したのですが…
神社の 神様ってねー
実は目の前の その人がまさに 霊能者なんだけど
って言ったら どんな顔を するだろうか…

そんなに詳しいなら聞いてみよう
友人から境内に有名なパワースポットがあるって聞いたんですが場所がわかりますか?
ああそこなら知ってるよ
男性について行ってその場所で拝んでみました
すごく小さい祠でした
…が
変だな? 拝んでるのになぜか本殿のほうの神さまが反応する
ん!?
ぎゃー何これ!?
そこは過去に埋めてはいけないものを埋めていたようで
パワースポットどころかダメージスポットでした
でろん
でろん
神さまになんとかしてもらおうと思って過去に手に余るものを埋めたんだろうな
これだから有名な人が言うパワースポットってあてにならない!!

帰る途中2人とも体調を崩してしまい
帰りに寄ったお寺で預かっていただきました
ス、スイマセ
助けて下さい
その後駅が近づくにつれて黒い雲が増えていきました
ん？
なんか「今日の営業は終了しました」って感じですね
もう十分晴れさせたよってことですよ
あっ そうか…
さっきのダメージスポットを浄化してほしくてT神社の神さまが呼んだのかな？
お礼に「晴れにしたよ」ってこと？
駅で降ろしてもらった直後から
ありがとうございました～！
ゴロゴロと雷が鳴り始めました
ゴ
ゴ
セーフだった
ヤバかった～♪

後で聞いたところ
ゴロゴロ…
ねねさんと別れたからヤバイ早く帰らないと！
と、思った直後から大雨だったそうです
ザバー
洗車しなければよかった…
こういった体験は人によっては「気のせい」「偶然」で済ませてしまうと思います
私も最初は気のせいと流していましたがこんなことは2回や3回ではありませんでした
昔の人は天気を司っているのは神さまだと考えていたと思います
そして昔の人は航海を安全に行うため龍神や天の神を味方につけ悪天候を最小にするための作法を本当に知っていたのです

琉球を通して知ったパワースポットの役割

2巻で私自身の前世と琉球のご縁を描いていましたが
同時に昔の琉球人が祭祀を通して自然のパワーを味方につけていたということを知りました
首里城に行った後うしろのひとに首里城ができる前の話をされたことがあります
「首里城がある場所は久高島や斎場御嶽《せーふぁうたき》のエネルギーと繋がっており」
「ここに城を置いて国家繁栄のために祭祀を行うことで」
「自然の神のエネルギーを国内外に循環させることができる」
ということを城を建てる前に偉い人に助言した力のあるノロ（巫女）がいたそうです

今でこそ首里城や斎場御嶽《せーふぁうたき》は観光地として扱われていますが
本来は聖地であったり国政を行う場所でした
パワーをもらうための場所ではありません
そしてそれは視えない世界でもいまだにそうなんです
つまり今も普通の人には視えないだけで
キャ
アハハ
そこを守っている人はたくさんいて
生きている人間にも目を光らせています
キャ
視えればいいのに
今回はそれも踏まえて以前起きたこと経験したことを綴っていこうと思います
あそこはこわーーい
お姉さん達がいっぱいですぅぅ

数年前、首里城で
スピリチュアル好きな
県外の人たちが
ノロの格好して
集団で祈るイベントを
しようとしている
という情報が
メールで
送られてきました
祈りのイベントと
聞いていなかった
首里城の職員さんも
責任者と連絡を取ろうとした
ということを沖縄の人から
教えていただきました
ん〜
※祈りの文化に敏感な土地柄なので
こういったイベントは許可が難しい
のかもしれません
ザワ
やめさせ
なさい
私は
沖縄県民ではないので
なんとかできないとは
思ったのですが
うち〜
ヤバイやつだ
東北の震災が起きる前と
同じメッセージをもらって
本当にまずいと思い
その危険性をネットで
指摘したことがありました
ザワッ
ザワッ
ザワッ
ザワッ
結局イベントは
開催されたと
聞きましたが
その日の晩
東南アジアのある国で
地震と津波が起こって
大変な被害が出ました

津波は日本時間の深夜に起こっており
私は朝起きてからそのことを知ったのですが
ピッ
テレビをつけた瞬間
パチ
ピーン
津波で流されていく建物が映りました
これも震災の時と同じだ
ノロや王ではないものが格好だけ真似るとこうなる…
えええええっ!?
私は何かしら影響があるとは思っていましたが
さすがにこれほどの被害が出るとは思っていませんでした
まさかの展開…
……
でもなんでこの国だったんだろう?
実は津波があった国と琉球王国は大昔交易がありました

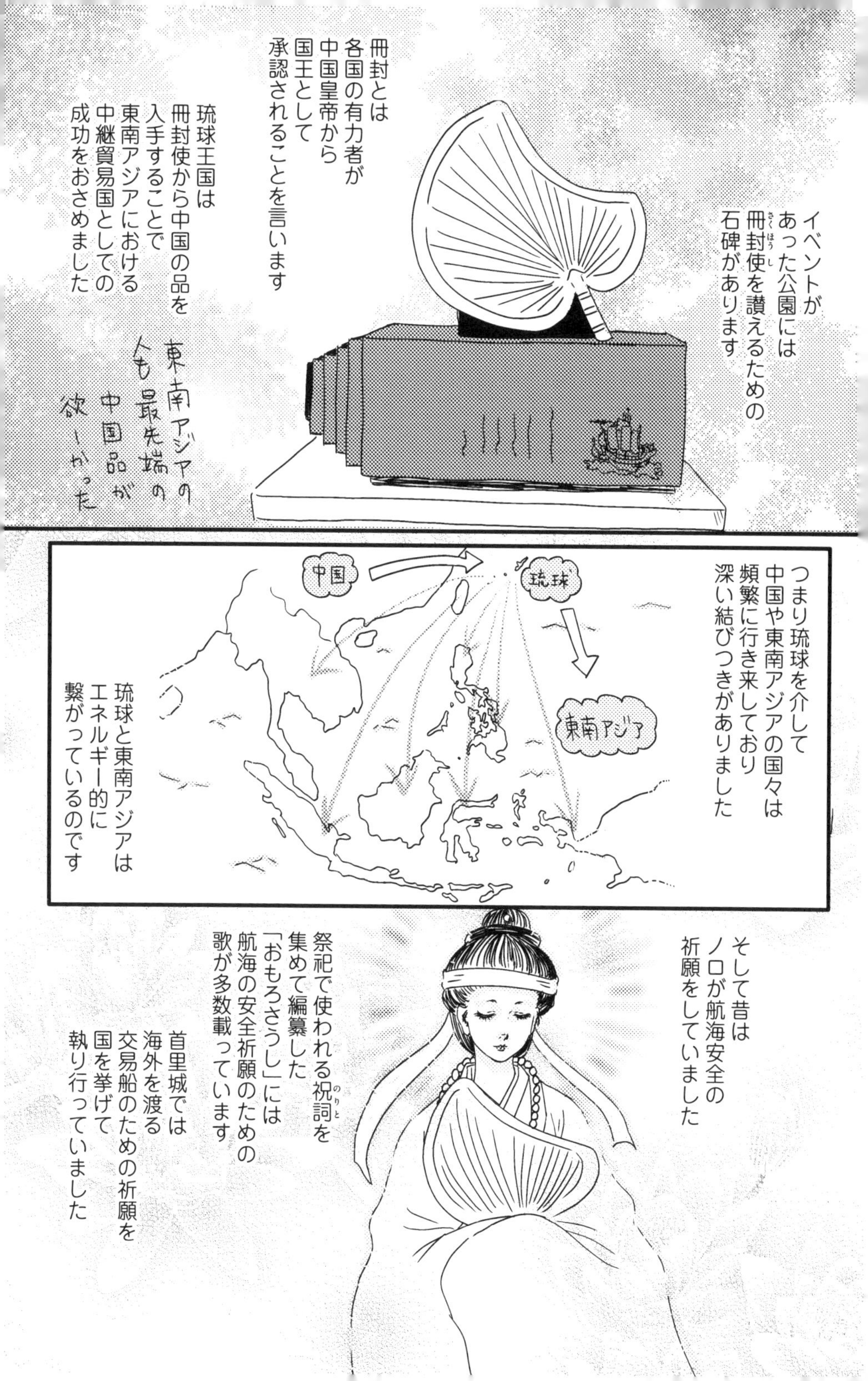

イベントが
あった公園には
冊封使《さくほうし》を讃えるための
石碑があります
冊封とは
各国の有力者が
中国皇帝から
国王として
承認されることを言います
琉球王国は
冊封使から中国の品を
入手することで
東南アジアにおける
中継貿易国としての
成功をおさめました
東南アジアの
人も最先端の
中国品が
欲しかった
つまり琉球を介して
中国や東南アジアの国々は
頻繁に行き来しており
深い結びつきがありました
中国
琉球
東南アジア
琉球と東南アジアは
エネルギー的に
繋がっているのです
そして昔は
ノロが航海安全の
祈願をしていました
祭祀で使われる祝詞《のりと》を
集めて編纂した
「おもろさうし」には
航海の安全祈願のための
歌が多数載っています
首里城では
海外を渡る
交易船のための祈願を
国を挙げて
執り行っていました

大君は 崇べて 追手 乞うて 走りゃせ
(※聞得大君が祈り追手の風を吹かせ順風満帆である)
この石碑…
船の絵が彫ってある
船が描かれている場所で作法を知らない人やノロではない大勢の人が
神事のようなイベントをしたことで誤った航海祈願になって首里城にある磁場が歪み
中には「私的」な願い事をした人もいるかもね?!
歪んだままのエネルギーが海外まで届いてしまったんだ…
本来首里城が建っている場所は遊びやイベントで利用して良い場所ではないのだと思います

お金をとって大勢の人を奥の院へ連れてくる人間に対して
神さまが怒っているのを見るたびに
単純にそういう人に来てほしくないくらいに思っていたけど
本当はもっと深い理由があったのかも？
そういえば麓の神社では怒っているところをあまり見たことがない
大昔に立ち入り禁止にしていた場所というのは磁場が強い場所だから怒っているのかもしれないな
エネルギー
来るな
ご利益
※良しとは思ってないようですが
以前もある神社の奥の院に繋がる登山道が
台風で通れなくなって立ち入り禁止になったと聞いたことがあります
ピンッ
その時もああ…来れないようにしたんだな
と、思いました
心中お察し致す。
そこもスピ好きの人がツアーを組んで行っていると聞いていました

それから数カ月後
首里城で火災が
ありました
この時も
起きてテレビを
つけた瞬間
燃えた首里城が
目に入ってきました
えっ
首里城が
燃えた？
ホエーー
そういえば昨晩
料理してて
台所が火事になる
夢を見たなぁ…
正夢？
台所がまっ黒に
火事が起きた時は
首里城祭が開催されていました
首里城祭は毎年一般の方が
王様と王妃様の格好をして
練り歩く行事があります
視えない存在たちは
やっぱり
コスプレ的なものが
嫌だったのかな…？
う〜ん
恰好だけじゃなくて
中身の能力が
大事ってこと？
数カ月前の
津波の件があったので
そんなふうに感じました

首里城祭の真っ最中に火災が起こるなんて…
とっとても偶然とは思えない……
ズーン
とうとう堪忍袋の緒が切れたのかも…？
最近の災害は異常気象で片付けてるけど
知らないで現代の人がやらかしてしまってそれが原因のものもあったのかもしれないなぁ
台風が数日おきに来たり…
本当は日本中の聖地や奥の院を全部封鎖してもいいくらいかも……
そんなことを思っていたらまた数日後に火災のニュースを目にしました
発火時の監視カメラの映像が流れてきました
ま、また…
Pi
なんらかの電気系統の異常があり出火原因となった可能性があるとされていますが
最終的に火災の原因は不明となっています
しかし私はニュースで流れた監視カメラの映像で視てしまったのです
あるものの存在を…

神扇を持った
ノロがいる…
聞ゑ煽りやへや
(あおりやえ神女はお祈りします)
赤口が 照る地炉
(竈の神、火の神のよりましの中で燃える炎が感応しています)
ぜるまゝが 照る地炉
(竈の神と火の神のよりましの中で燃える炎が感応しています)
さしふは　おもろは宣らす
(神が依りつく神女が宣託します)
むつきは 宣るむは　宣らす
(神が依りつく神女が宣託を申し上げるのです)
そして火の神を讃える
歌をうたっていました

※おもろさうし　十一　―581より抜粋

ボッ
これ以上
首里城を
利用させては
ならぬ

ズッ
そういえば台所で料理してて火事になる夢見たのって……
沖縄では火の神（ヒヌカン）を家々で祀る風習があります
ヒヌカンはかまどの神様でもあり台所の一角に祀る家もあります
首里城内にも「おせんみこちゃ」という火の神を祀る場所があります
あの夢って台所（ヒヌカンを祀る場所）で火をおこすっていう意味だったのか！
変な夢だと思った!!
首里城を視えないところで支えた人々の
悲痛な叫びを聞いた気がしました
神扇を持ったノロはもしかしたら首里城を建てる時に王さまに進言したノロさんかもしれません
彼女たちにとっては琉球という国が失われても
今も守るべき祖国なんだと思います

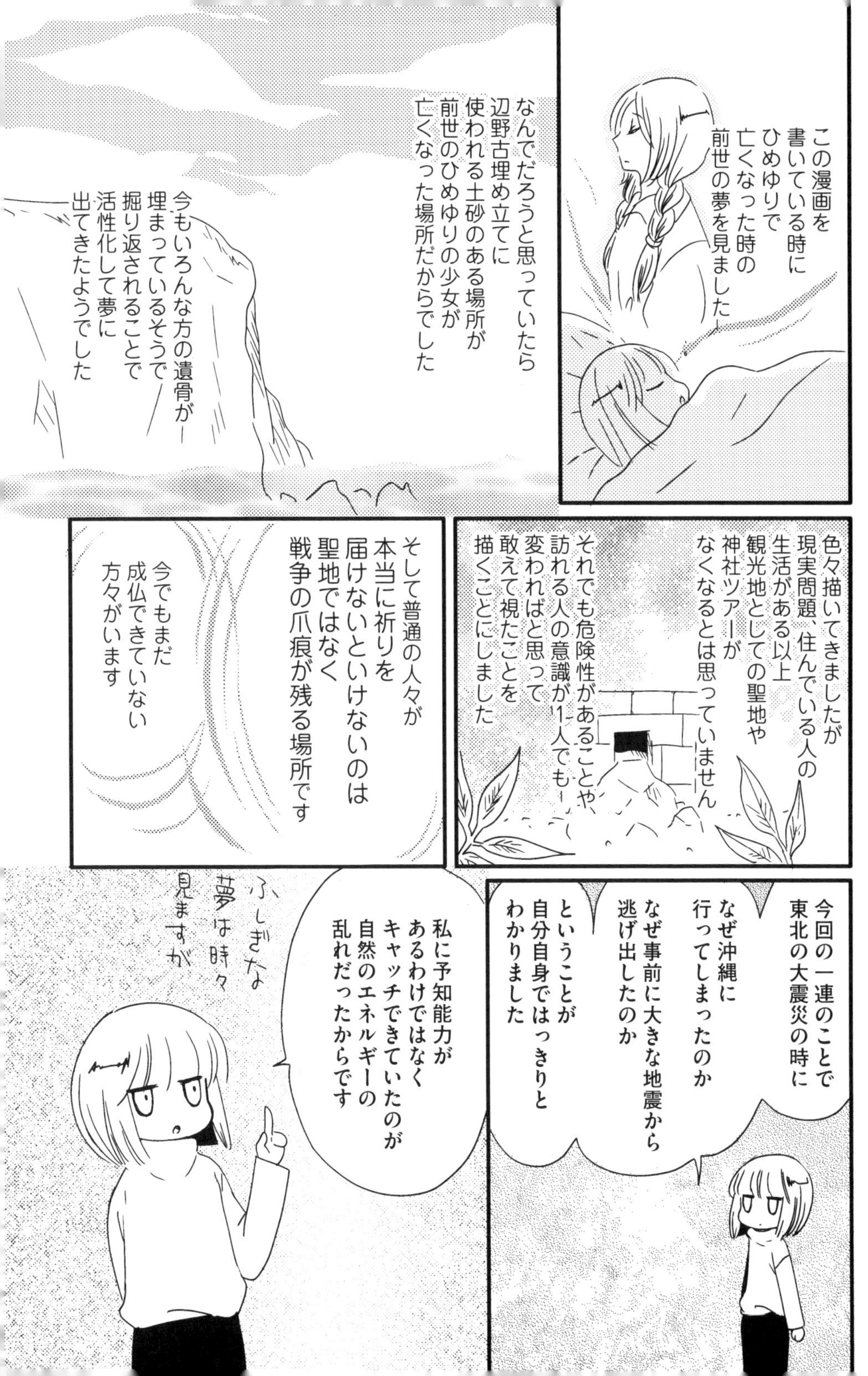
この漫画を書いている時にひめゆりで亡くなった時の前世の夢を見ました―
なんでだろうと思っていたら辺野古埋め立てに使われる土砂のある場所が前世のひめゆりの少女が亡くなった場所だからでした
今もいろんな方の遺骨が埋まっているそうで掘り返されることで活性化して夢に出てきたようでした
色々描いてきましたが現実問題、住んでいる人の生活がある以上観光地としての聖地や神社ツアーがなくなるとは思っていません
それでも危険性があることや訪れる人の意識が1人でも変われればと思って敢えて視たことを描くことにしました
そして普通の人々が本当に祈りを届けないといけないのは聖地ではなく戦争の爪痕が残る場所です
今でもまだ成仏できていない方々がいます
今回の一連のことで東北の大震災の時になぜ沖縄に行ってしまったのかなぜ事前に大きな地震から逃げ出したのかということが自分自身ではっきりとわかりました
ふしぎな夢は時々見ますが
私に予知能力があるわけではなくキャッチできていたのが自然のエネルギーの乱れだったからです

私は首里城には観光で訪れたこともあります大好きな場所です
・・・・
しかし彼女たちの想いを聞いてしまった私は
再建の募金箱を見ても募金はできませんでした
首里城再建
首里城内には以前は男子禁制の聖地も
今では普通に入れます
しかし本来は誰でも入れるように観光地化してはいけない場所です
首里城や斎場御嶽《せーふぁうたき》は国家祭祀の場所であり
本土の伊勢神宮と同様に国や神職がきちんと管理すべき場所だと思います
沖縄だけでなく
日本各地でも似たような状態になっている聖地はたくさんあると思います
この漫画を読んでいる方にそのことが1人でも多く伝わり
聖地は遊びの場ではなく祈りの場所であるという気持ちで訪れてもらえたら幸いです

エピローグ　私の視えてる世界

最後までお読みくださってありがとうございました
今まで何度か前世の話を描いてきましたが
この漫画を描いている現在
パラッパー
ネネハサイキョウノタテヲテニイレタ
ほとんどの前世のカルマを癒して今はとても快適に過ごしています
カルマという表現をしていますが簡単にいうと幽霊になった自分の一部分です
成仏していない前世
成仏できてない魂を皆さんは幽霊と呼んでいますが
その幽霊になった部分が転生して自分の中にいるという感じです
その部分がなくなることでとても楽になります
特に今回最大のカルマの一つである自殺した前世の話を描きました
実は自殺というのは自分自身を殺してしまった殺人のカルマの部分と
天から与えられた命を自分の都合で終わらせてしまったカルマという二つの側面があります
自分の命は自分だけのものではありません
だからとても苦しく浄化にも大変時間と労力がかかりました

さて話は変わりますが私は天然石が大好きです
特に水晶が好き♡
宝石職人だった前世や磐座を拝んでいた前世など石と関わることが多くありました
勾玉も作ってた
そういう方は前世のスキルを使って自然と石と関われると思います
しかし私が天然石を買うキッカケになったのは
まだ千葉に住んでいた時代幽霊さんをホイホイしていたからです
きっと運気を上げたいパワーが欲しいということで買われている方も多いと思います
しかしそうやって天然石が欲しくなるのには理由があります
先祖が十分に護れていないせいで自分自身のエネルギーが足りない状態だからです
私は先祖が成仏して護れるようになったら天然石は身につけなくなりました
エネルギーが足りない状態でアクセサリーを作ると石のエネルギーを吸ってしまうから!
その代わり買う側から作れる側になりました

千葉に住んでいる時にお世話になってた霊能者さんから小さな水晶玉をいただきました
1cmくらいの小さいもの
生霊や幽霊対策のためだったのでちょっと術のようなものを仕込んでいたようです
毎日会社に持っていっていた…
おかげでうちにやってくる悪い気をみるみる吸い込んでいきました
そんなある日水晶の中に黒い点々のようなものが見え始めました
ズーン
点々はいつの間にか黒い羽虫のようになっていきました
拡大
この水晶に黒い羽虫のようなものが入ってきたんだよ
友人
ほんとだ虫に見えるね
霊能者さんと会うことになったので直接水晶を見せたのですが
もう自然に還しなさい!!
霊能者さん自身もびっくりしていました
やっぱりそんなひどい状態なんだ…
う〜む…

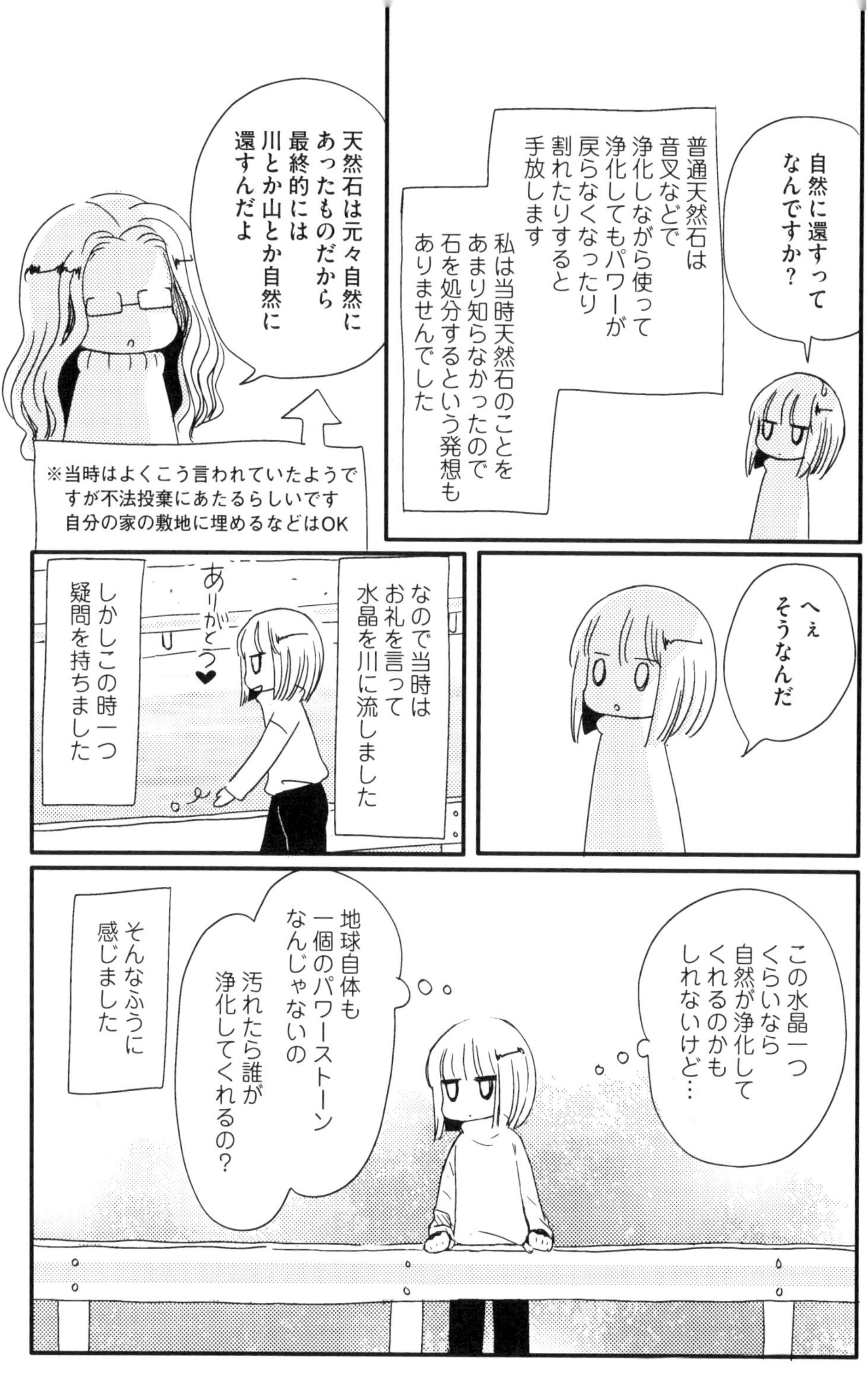

自然に還すってなんですか？
普通天然石は音叉などで浄化しながら使ってパワーが戻らなくなったり割れたりすると手放します
私は当時天然石のことをあまり知らなかったので石を処分するという発想もありませんでした
天然石は元々自然にあったものだから最終的には川とか山とか自然に還すんだよ
※当時はよくこう言われていたようですが不法投棄にあたるらしいです 自分の家の敷地に埋めるなどはOK
へぇ そうなんだ
なので当時はお礼を言って水晶を川に流しました
ありがとう❤
しかしこの時一つ疑問を持ちました
この水晶一つくらいなら自然が浄化してくれるのかもしれないけど…
地球自体も一個のパワーストーンなんじゃないの 汚れたら誰が浄化してくれるの？
そんなふうに感じました

それから
1年以上経って
地元の神社に
初めて行った時
不思議な神さまを
視ました
最初宇宙空間に浮かぶ
真っ白な十字架に
視えましたが
よく視ると
白い衣装を着た
天使のような
羽を持った
神さまでした
実は神社に
よっては時々
日本の神さまではなく
宇宙っぽい
存在のような(?)
神さまが
視えることがあります
しかしその神社で
天使のような神さまが視えたのは
それ1回だけでした
なんだか
不思議な
神社さんだなぁ
そう思いながら
帰ろうと鳥居を
くぐろうとした時
頭に映像が入ってきました
戦争や爆弾
環境汚染で
穢れがたまる地球と
ドーン

涙を流しながら地球を浄化してくれる神さまでした
ピキッ。
浄化して再生できるのは一体いつまででしょうか？
END

ねねさんのスピ生活《せいかつ》

前世《ぜんせ》のカルマ☆解消編《かいしょうへん》

コミックエッセイの森

2023年3月31日 初版第1刷発行

［著者］水鳥《みずどり》ねね
［発行人］永田和泉
［発行所］株式会社イースト・プレス
〒101-0051
東京都千代田区神田神保町2-4-7
久月神田ビル
TEL03-5213-4700
FAX03-5213-4701
https://www.eastpress.co.jp
［印刷所］中央精版印刷株式会社
［装幀］坂根 舞（井上則人デザイン事務所）

ISBN 978-4-7816-2185-2 C0095